Hans-Peter Kranz

Begünstigung?
Steuerausfälle in 3-stelliger Millionenhöhe
wegen Gestaltungsmißbrauch (§ 42 AO)!

§ 116 AO Anzeige von Steuerstraftaten

§ 370 AO Steuerhinterziehung

§ 33 AO Steuerpflichtiger

 Überprüfen Sie alles und sparen Sie Geld

Ohne (und mit) Rechtsanwalt

Hans-Peter Kranz

Begünstigung?
Steuerausfälle in 3-stelliger Millionenhöhe wegen Gestaltungsmißbrauch (§ 42 AO)!

§ 116 AO Anzeige von Steuerstraftaten
§ 370 AO Steuerhinterziehung
§ 33 AO Steuerpflichtiger

Überprüfen Sie alles und sparen Sie Geld
Ohne (und mit) Rechtsanwalt

In diesem Buch erfahren sie, was die Unternehmen und die Finanzämter ihnen jahrelang verheimlicht haben.

Bei den jahrelangen „sozialverträglichen Rationalisierungen" mit Abfindungen wurden zu Gunsten der Unternehmen Steuern verkürzt.

Eine Steuer einzubehalten und abzuführen (Steuerentrichtungspflichtiger) hat insbesondere der Arbeitgeber nach §§ 38 III, 41 a I Nr. 2 EStG (AO-Kommentar, Franz Klein, 7. Auflage, § 33 Rn 32).

Und das Finanzamt ist trotz Kenntnis jahrelang untätig geblieben.

Die Schreiben an das Finanzamt und an die Steuerfahndung sind in diesem Buch abgedruckt.

Hinweis: Für eine verbindliche Auskunft oder Beratung wenden sie sich gegebenenfalls an einen Rechtsanwalt oder an eine Verbraucher-Zentrale.
Eine Haftung des Autors ist ausgeschlossen.

Bibliografische Information der Deutschen Nationalbibliothek
Die Deutsche Nationalbibliothek verzeichnet diese Publikation in der Deutschen Nationalbibliografie; detaillierte bibliografische Daten sind im Internet über http://dnb.d-nb.de abrufbar.

Herstellung und Verlag: Books on Demand GmbH, Norderstedt
ISBN 978-3-8370-4910-7

Inhaltsverzeichnis

„Wenn es keinen Deal gibt, gibt es ein Major Desaster."
Eckhard Cordes, Daimler-Benz
(Quelle: Der DaimlerChrysler Deal, H. Appel, C. Hein, DVA, 1998, Seite 9)

Danke

Major Dr. Wilhelm Feiten, für das 40-jährige „Jubiläum" am 01.09.1979.

Danke

Klaus Scholl, Dr. jur. Professor RWTH Aachen, für die nützlichen Vorlesungen („ … dann gehe ich mit dem Gesetzbuch einkaufen.") an der VWA in Aachen.

Danke

Franz Konz und Günter Wallraff.
Dieses Buch hätte ich ohne ihre Bücher nie geschrieben.

---

für F.-C. C. (Fritz the cat)

Vorwort

Bei der RWE Power AG (früher Rheinbraun AG) war ich vom 01.01.1993 bis 31.10.1997 in der Personalabteilung beschäftigt (siehe Zeugnis auf Seite 8).

Ab dem 01.07.1993 wurde dort wie bei vielen anderen Unternehmen in der BRD ein Arbeitsplatzreduzierungsprogramm eingeführt. Bei diesem Arbeitsplatzabbau wurden selbstverständlich keine Kündigungen ausgesprochen. Die Reduzierung sollte wie bei allen Unternehmen in der BRD über Aufhebungsverträge „sozialverträglich (?)" durchgeführt werden (sozialverträglich für die Arbeitnehmer, Bürger? Oder für die Gehälter, Tantiemen von Vorstand und Aufsichtsrat?).

Wer das Unternehmen freiwillig verläßt, bekam noch eine Abfindung (Mindestabfindung 15.000,-- DM, wurde nachher bis auf 80.000,-- DM erhöht). Die gesetzlichen Regelungen wurden den Arbeitnehmern weder mündlich noch schriftlich ausführlich erläutert. Es wurde lediglich gesagt, dass es einen Steuerfreibetrag i.H.v. 24.000,-- DM gibt. Eine Erläuterung von § 3 EStG und § 42 AO hat es nie gegeben.

Die Sachbearbeiter in den Personalabteilungen wurden in ihren Arbeitsanweisungen auch nicht auf einen Gestaltungsmißbrauch gem. § 42 AO hingewiesen. Somit haben die zuständigen Sachbearbeiter bei Rückfragen immer eine falsche Auskunft erteilt bzw. den Finanzämtern mitgeteilt.

> **Bei der Anweisung** aus dem Jahre 1996 **ging es darum**, nach Beendigung des Arbeitsverhältnisses aus den Personalakten irreführende **Unterlagen**, die weder vor Beendigung des Arbeitsverhältnisses und erst recht nicht danach irgendwelche rechtlichen Wirkungen entfaltet haben, **entfernt werden sollten.**
>
> Mit freundlichen Grüßen
>
> Rheinbraun Aktiengesellschaft
> Personalwesen PT
>
> *[Unterschrift]*
>
> Rheinbraun AG, Stüttgenweg 2, 50935 Köln, den 15.08.2000

Nachdem aber alle zuständigen Behörden Kenntnis von dem Gestaltungsmißbrauch erlangt hatten und untätig blieben, sah ich mich veranlaßt dieses Buch zu schreiben.

Alsdorf, im September 2008   Hans-Peter Kranz

Zum Autor:

Name:	Hans-Peter Kranz
Geboren:	1966
1972 – 1984	Abschluß der Fachhochschulreife
Aug. 1984 – Jan. 1987	Ausbildung zum Industriekaufmann EBV AG, Roermonder Str. 63, 52134 Herzogenrath
Jan. 1990 – April 1990	Seminar für Ausbilder gem. AEVO (IHK)
Aug. 1990 – März 1992	Weiterbildung zum Personalfachkaufmann (IHK)
Okt. 1992 – März 1996	Weiterbildung zum Betriebswirt (VWA)
Berufstätigkeit:	
Jan. 1987 – Dez. 1992	Personalabteilung EBV AG, Roermonder Str. 63, 52134 Herzogenrath
Jan. 1993 – Okt. 1997	Personalabteilung Rheinbraun AG, Stüttgenweg 2, 50935 Köln

Bergheim, 3. November 1997

ZEUGNIS

Herr Hans-Peter Kranz, gebor... ....████████████ ...., wurde am 1. Januar 1993 in der Personalabteilung unserer damaligen Gruppe Nord als Gehaltsabrechner in Anfangsstellung eingestellt.

Nach seiner Einarbeitung gehörte zu seinem Aufgabengebiet die Durchführung der Gehaltsabrechnung der von ihm betreuten Mitarbeiter unter Beachtung von gesetzlichen Vorschriften, Tarifverträgen, Betriebsvereinbarungen und sonstigen betrieblichen Bestimmungen. Des weiteren errechnete er bei Maßnahmen vorzeitigen Ausscheidens Leistungsansprüche der betreffenden Mitarbeiter und erledigte Sonderabrechnungen, stellte Gehaltsbescheinigungen jeglicher Art aus und bearbeitete Gehaltspfändungen. Zudem gab er Auskünfte an Mitarbeiter und betriebliche Stellen über die Gehaltsabrechnung und abrechnungstechnische Fragen.

In der Zeit vom 1. Januar 1996 bis zum 30. Juni 1996 wurde er im Rahmen einer Personalrotation in der Personalabteilung Gruppe Fabriken in gleicher Funktion eingesetzt.

Vom 12. Februar 1997 bis zum 23. Mai 1997 war Herr Kranz in einer Projektgruppe zur Einführung der neuen SAP-Gehaltsabrechnung in der Hauptverwaltung unseres Unternehmens tätig. Mit fundiertem Fachwissen und großem Fleiß hat er unter Berücksichtigung von gesetzlichen und tarifvertraglichen Bestimmungen die bisherigen abrechnungstechnischen Verfahrensweisen bei Gehaltspfändungen an die SAP-Systematik angepaßt und bei der Erstellung der erforderlichen Arbeitsanweisungen und Schulungsunterlagen mitgewirkt.

Neben seiner beruflichen Tätigkeit besuchte Herr Kranz die Verwaltungs- und Wirtschaftsakademie in Aachen und legte am 21. März 1996 die Prüfung zum Betriebswirt (VWA) mit Erfolg ab.

Herr Kranz hat alle an ihn gestellten Aufgaben stets sicher, korrekt und selbständig zu unserer vollsten Zufriedenheit erledigt. Sein Verhalten gegenüber Vorgesetzten und Kollegen war jederzeit einwandfrei.

Herr Kranz schied am 31. Oktober 1997 auf eigenen Wunsch aus unserem Unternehmen aus.

Wir danken Herrn Kranz für seine erfolgreiche Mitarbeit und wünschen ihm für seine weitere Zukunft alles Gute.

Rheinbraun Aktiengesellschaft
ppa.   i. V.

Rheinbraun Aktiengesellschaft
Gruppe Tagebaue
Niederaußem, Auenheimer Straße, 50129 Bergheim, Telefon (02271) 751-0

I. Steuerausfälle in 3-stelliger Millionenhöhe

1. Allgemeines

Einkommensteuer ist die Steuer, die jeder Bürger auf sein Einkommen zu zahlen hat. Die Einkommensteuer wird bei bestimmten Einkünften durch Steuerabzug (z.B. **Lohnsteuer**) erhoben.

Sie dient in erster Linie der **Finanzierung** der vom Staat wahrzunehmenden **öffentlichen Aufgaben**, darüber hinaus aber zunehmend auch wirtschaftspolitischen, konjunkturpolitischen, sozialpolitischen und ähnlichen Zielen (z.B. Wohnungsbauförderung).

Die Bedeutung der Einkommensteuer im Besteuerungssystem zeigt sich im Vergleich mit den gesamten Steuereinnahmen und dem Bruttosozialprodukt.

Im Jahr **1997** hatte die Einkommensteuer mit seinem Aufkommen von 265,9 Mrd. DM einen Anteil von **33,3 %** an den gesamten Steuereinnahmen (= 796,8 Mrd. DM)

Im Jahr **2000** hatte die Einkommensteuer einen **Anteil** von **33,2 %** (303,7 Mrd. DM) an den gesamten **Steuereinnahmen** (= 913,9 Mrd. DM).

Damit ist die **Einkommensteuer** die

bedeutendste Einnahmequelle

der **öffentlichen Haushalte**.

Seit der Finanzreform 1969 ist die Einkommensteuer eine Gemeinschaftsteuer im Rahmen eines großen Steuerverbundes, bei dem ein gesetzlich zu regelnder

Anteil (seit 01.01 1980 = 15 %)

an die **Gemeinden** und die Hauptmasse je zur Hälfte an Bund und Länder fließen.
(Broschüre „Steuern von A bis Z", Ausg. 2001, Herausgeber: Bundesministerium der Finanzen)

Artikel 106 Grundgesetz   **Steuerertragshoheit**

...

3. Das Aufkommen der Einkommensteuer, der Körperschaftsteuer und der Umsatzsteuer steht dem Bund und den Ländern gemeinsam zu (Gemeinschaftsteuern), soweit das Aufkommen der Einkommensteuer nicht nach **Abs. 5** und das Aufkommen der Umsatzsteuer nicht nach Abs. 5a den **Gemeinden zugewiesen wird**. Am Aufkommen der Einkommensteuer und der Körperschaftsteuer sind der Bund und die Länder je zur Hälfte beteiligt.

...

5. Die **Gemeinden** erhalten einen **Anteil an dem Aufkommen der Einkommensteuer**, der von den Ländern an ihre Gemeinden auf der Grundlage der Einkommensteuerleistungen ihrer Einwohner weiterzuleiten ist. Das Nähere bestimmt ein Bundesgesetz, das der Zustimmung des Bundesrates bedarf. Es kann bestimmen, dass die Gemeinden Hebesätze für den Gemeindeanteil festsetzen.

...

Die Finanzreform des Jahres 1969 brachte auch eine grundlegende Neuregelung der kommunalen Finanzausstattung. Durch das **Gemeindefinanzierungsreformgesetz** vom 08.09.1969 sind die **Gemeinden** erstmals am **Aufkommen der Einkommensteuer beteiligt** worden (Abs. 5).

Den Gemeinden steht nach Abs. 5 S. 1 ein Anteil am Aufkommen der Einkommensteuer zu. Die Länder sind verpflichtet, ihn auf ihre Gemeinden nach Maßgabe der Einkommensteuerleistung ihrer Einwohner zu verteilen, Abs. 5 S. 1. Damit ist der Maßstab für die horizontale Verteilung verhältnismäßig genau festgelegt. Die nähere Ausgestaltung erfolgt durch zustimmungsbedürftiges Bundesgesetz. Das ist mit §§ 1-5 Gemeindefinanzreformgesetz geschehen. Der Verteilungsschlüssel ist in § 3 Gemeindefinanzreformgesetz festgelegt.

Seit dem 01.01.2001 gilt eine Neufassung des Gemeindefinanzreformgesetzes. Danach beträgt der **Gemeindeanteil** an der Einkommensteuer **15 %** des **Aufkommens an Lohnsteuer und veranlagter Einkommensteuer** sowie 12 % des Aufkommens aus dem Zinsabschlag (§ 1).

Nachdem der Gemeindeanteil an der Einkommensteuer abgezogen ist (Abs. 3 S. 1 und 2), wird der Rest je zur Hälfte auf Bund und Länder verteilt.

(Grundgesetz-Kommentar, Michael Sachs, Art. 106 Rn. 13, 27, 28, 29, 33)

Die für alle **Steuern geltenden gemeinsamen Regeln**, insbesondere diejenigen des Besteuerungsverfahrens von der Ermittlung der Besteuerungsgrundlagen über die Festsetzung und Erhebung der Steuern bis hin zur Vollstreckung, zu den außergerichtlichen Rechtsbehelfen und zum steuerlichen Straf- und Ordnungswidrigkeitenrecht, sind als so genanntes allgemeines Steuerrecht in der

Abgabenordnung (AO)

vom 16.03.1976 (BGBl I S. 613) enthalten. Sie bildet die **Grundlage** für ein möglichst unbürokratisches und rationales **Besteuerungsverfahren** und stellt hierbei ein ausgewogenes Verhältnis zwischen den **Interessen der Allgemeinheit** und den Belangen des einzelnen Steuerpflichtigen her.

Die einzelnen Steuergesetze regeln, in welchen Fällen die Steuer entsteht. Die **AO** enthält die **grundsätzlichen Regelungen** darüber,

wie die Steuer festzusetzen ist

und

wann sie zu entrichten ist.

Sie gilt grundsätzlich für alle Steuern und Steuervergütungen, die durch Bundesrecht oder Recht der Europäischen Union geregelt und von Bundes- oder Landesfinanzbehörden verwaltet werden.

Die AO ist in 9 Teile gegliedert. Die ersten Teile enthalten die einleitenden Vorschriften und das Steuerschuldrecht. So werden hier z.B. die **steuerlichen Grundbegriffe erläutert**, die für **alle Steuern gelten**. Hier findet sich deshalb auch die allgemeine **Definition des Steuerbegriffs** (§ 3 Abs. 1 Satz 1 AO):

„Steuern sind Geldleistungen, die nicht eine Gegenleistung für eine besondere Leistung darstellen und von einem öffentlich-rechtlichen Gemeinwesen zur Erzielung von Einnahmen allen auferlegt werden, bei denen der Tatbestand zutrifft, an den das Gesetz die Leistungspflicht knüpft; Erzielung von Einnahmen kann Nebenzweck sein."

§ 33 Abs. 1 AO bestimmt, wer „**Steuerpflichtiger**" im Sinne der Steuergesetze ist:

„Steuerpflichtiger ist, wer eine Steuer schuldet, für eine Steuer haftet, eine Steuer für Rechnung eines Dritten einzubehalten und abzuführen hat, wer eine Steuererklärung abzugeben, Sicherheit zu leisten, Bücher und Aufzeichnungen zu führen oder andere ihm durch die Steuergesetze auferlegte Verpflichtungen zu erfüllen hat."

Weiter wird geregelt, welche Ansprüche sich aus dem Steuerschuldverhältnis ergeben, welche Zwecke **steuerbegünstigt** sind, unter welchen **Voraussetzungen jemand für die Steuerschuld eines anderen haftet** oder wie die steuerlichen Fristen berechnet und verlängert werden.

Ferner enthält die AO die **allgemeinen Verfahrensgrundsätze.** Hier wird besonders der Grundsatz der Gleichmäßigkeit und Gesetzmäßigkeit der Besteuerung hervorgehoben. Es werden die Auskunftspflichten einzelner Personen, die Hinzuziehung von Sachverständigen, die Vorlage von Urkunden und Wertsachen sowie die Befugnis zum Betreten von Grundstücken geregelt. Es wird aber auch gesagt, unter welchen Voraussetzungen Personen zur Auskunftsverweigerung berechtigt sind und in welchen Fällen die Finanzbehörden die Steuerpflichtigen beraten und ihnen Auskunft erteilen sollen.

Den Kern der **AO** bilden die Vorschriften über die Durchführung des Besteuerungsverfahrens. Im Interesse der Rechtssicherheit enthalten sie eine genaue Darstellung der jeweiligen Rechte und **Pflichten der Finanzbehörden** (z.B. **§§ 88, 386, 399, 402 AO**) und der Steuerpflichtigen. Insbesondere werden die Mitwirkungspflichten der Steuerpflichtigen geregelt, weil die Finanzbehörden bei Ermittlung der Besteuerungsgrundlagen in besonderer Weise auf die Mitwirkung der Steuerpflichtigen angewiesen sind. Deshalb enthält die AO Regelungen über die Steuererklärungs- und Buchführungspflichten (**§§ 140 ff. AO**). Die Regelungen zu den Buchführungs- und Aufzeichnungspflichten (**§ 147 AO**) schreiben keine bestimmte Technik vor, sondern, dass nach den Grundsätzen ordnungsmäßiger Buchführung zu verfahren ist.

Die Finanzbehörden können die Angaben der Steuerpflichtigen nicht nur an Amtsstelle, sondern in gewissem Umfang auch an Ort und Stelle nachprüfen. Dies erfolgt in der Regel durch eine Außenprüfung (**§§ 193 ff. AO**).

Außerdem enthält die **AO** die materiellen Vorschriften über **Steuerstraftaten** und Steuerordnungswidrigkeiten sowie besondere Bestimmungen über das Steuerstraf- und Bußgeldverfahren (**§ 116, § 369 bis § 408 AO**).

(Broschüre „Steuern von A bis Z", Ausg. 2001, Herausgeber: Bundesministerium der Finanzen)

---

§ 116 AO   **Anzeige von Steuerstraftaten**
1. Gerichte und die Behörden von Bund, Länder und kommunalen Trägern der öffentlichen Verwaltung haben Tatsachen, die sie **dienstlich erfahren** und die den **Verdacht einer Steuerstraftat begründen,** der **Finanzbehörde mitzuteilen.**

Es müssen Tatsachen vorliegen, die den Verdacht einer Steuerstraftat (**§ 369 AO**) begründen. Die Tatsachen müssen den auskunftsverpflichteten Stellen dienstlich bekannt geworden sein.

(AO-Kommentar, Franz Klein, § 116 Rn 4)

2. Die BRD hat 1,4 Billionen EURO und NRW 110 Milliarden EURO Schulden

Die Einnahmen bei Bund und Länder bleiben gleich oder verringern sich und die Ausgaben steigen. Derzeit hat die BRD ca. **1,4 Billionen EURO** Schulden und der Bund des Steuerzahlers (BdSt) weist darauf hin, dass das Defizit des Staates jede Sekunde um 1.714,-- € wächst.
In Nordrhein Westfalen (NRW) gibt es nach 39 Jahren SPD-Regierung sogar einen Rekordschuldenberg i.H.v. **110 Milliarden EURO**.

Mit 5,4 Billionen in der Kreide

Die offiziellen Verbindlichkeiten der öffentlichen Hand sind nur die halbe Wahrheit. Verpflichtungen durch die sozialen Sicherungssysteme schlagen massiv zu Buche. Jede Sekunde wächst das Defizit um 1714 Euro.

VON UNSEREM REDAKTEUR
RALPH ALLGAIER

AACHEN. Der Anblick hat etwas höchst Beunruhigendes, eigentlich mag man gar nicht mehr hinsehen: Unaufhaltsam tickt auf der Homepage des Bundes der Steuerzahler (BdSt) die Schuldenuhr. Jede Sekunde wächst das Defizit des Staates um 1714 Euro. Jeder Deutsche – ob Baby oder Greis – steht zurzeit statistisch betrachtet mit 17 566 Euro in der Kreide. Unvorstellbare 1 468 129 780 642 Euro Schulden werden Deutschland am Ende dieses Jahres angehäuft haben. Ob dieser gigantische Berg aus roten Zahlen jemals wieder abgebaut werden kann?

Die Zweifel wachsen, denn besagte 1,4 Billionen sind schließlich nur die halbe Wahrheit. Die Bundesrepublik sitzt nämlich zusätzlich auf einem riesigen Berg an Verbindlichkeiten, die in keiner offiziellen Statistik auftauchen. Es handelt sich um jene Verpflichtungen, die der Staat durch seine Sozialversicherungssysteme eingegangen ist: in der Renten-, Pflege- und Krankenversicherung. Der Sachverständigenrat zur Begutachtung der gesamtwirtschaftlichen Entwicklung kam zu dem Schluss, dass sich diese Lasten im Jahr 2002 auf 270 Prozent des Bruttoinlandsprodukts summiert

hätten. Damit stand der Staat alle Zahlungsverpflichtungen zusammengerechnet mit bis zu sechs Billionen Euro in der Kreide. Durch Einschnitte etwa bei der Rente konnte diese Zahl zuletzt aber wieder reduziert werden und liegt nach Berechnung des Freiburger Finanzwissenschaftlers Bernd Raffelhüschen bei etwa 5,4 Billionen. Dennoch rügte der CDU-Abgeordnete Günter Krings neulich im Bundestag, dass Deutschland in diesem Jahr alleine für die Altersversicherung etwa 100 Milliarden Euro ausgibt. „Nehmen wir die fälligen Zinsen und Zinseszinsen auf die Schulden hinzu, so brauchen wir weit über die Hälfte unseres Bundeshaushaltes, um den in der Vergangenheit aufgetürmten Ansprüchen gerecht zu werden", warnte der Mönchengladbacher Politiker.

„Zutiefst unmoralisch"

„Wir befriedigen Ansprüche von gestern mit Schulden von heute zu Lasten der Generationen von morgen", brachte er die erfahrene Lage auf den Punkt. „Das ist zutiefst unmoralisch und ungerecht."

Besonders drückend sind die Pensionslasten für ausgeschiedene Beamte: 22 Milliarden Euro kostete deren Versorgung im Jahr 2000. Die Bundesregierung rechnet damit, dass die Versorgungsausgaben im Jahr 2040 auf 90 Milliarden Euro ansteigen. Würden ab sofort keine Schulden mehr aufgenommen und die öffentliche Hand gesetzlich verpflichtet, jeden Monat eine Milliarde Euro an Schulden zu tilgen, so würde es 122 Jahre lang andauern, um den Schuldenberg vollständig abzutragen, hat der BdSt hochgerechnet. Am höchsten ist der Bund verschuldet; auf ihn entfallen 61 Prozent der staatlichen Verbindlichkeiten. Die Länder folgen mit 32,5 Prozent, die Schulden der Gemeinden schlagen mit 6 Prozent zu Buche. Der Gesamtschuldenstand der öffentlichen Haushalte erreichte 2004 die Höhe von 65,9 Prozent des Bruttoinlandsprodukts.

Wer leiht der öffentlichen Hand eigentlich das ganze Geld? Mitte 2004 war der Staat laut BdSt mit rund 525 Milliarden Euro bei deutschen Kreditinstituten verschuldet. Im Ausland steht man mit 539 Milliarden Euro im Soll. Daneben haben Privatleute (zum Beispiel mit Bundesschatzbriefen), Sozialversicherungen, Bausparkassen und Versicherungen dem Staat Kapital in Höhe von rund 290 Milliarden Euro zur Verfügung gestellt. Allein für Zinsen werden jedes Jahr rund 40 Milliarden Euro fällig. Die Neuverschul-

dung betrug 2005 voraussichtlich 54 Milliarden. Schon heute muss der Staat jeden siebten Euro, den er durch Steuern einnimmt, für Schuldzinsen ausgeben, so der BdSt.

Obergrenzen gefordert

Die Steuerzahler fordern als Konsequenz aus dem Desaster klare gesetzliche Obergrenzen für die Staatsverschuldung. Die Staatsausgaben müssten deutlich gesenkt werden, vor allem die Subventionen, die in Deutschland im Jahr 2003 fast 60 Milliarden Euro aufgewendet wurden. Diese Forderung wird von den meisten Experten bestätigt. Der Wirtschaftsweise Bert Rürup etwa hat berechnet, dass allein die Streichung der Eigenheimzulage, des Sparerfreibetrags und der Übungsleiterpauschale dem Fiskus mittelfristig gut 14 Milliarden Euro einbrächten. Das wäre immerhin ein Anfang auf dem Weg aus der Schuldenspirale. Doch Streit mit Bürgern und Lobbyisten aller Couleur ist programmiert. Ob die Politik dem Druck standhält?

Informationen im Internet:
www.steuerzahler.de
www.staatsverschuldung.de
www.staatsverschuldung-online.de

(Quelle: Aachener Zeitung, 12.09.2005)

Täglich zwei Kerzen gegen die Zinslast

NRW-Finanzminister Helmut Linssen macht den rot-grünen Vorgängern Vorwürfe. 7,3 Milliarden Euro Neuverschuldung.

VON UNSEREM KORRESPONDENTEN
WILFRIED GOEBELS

DÜSSELDORF. NRW-Finanzminister Helmut Linssen (CDU) hat eine schonungslose Schlussbilanz von Rot-Grün in NRW gezogen. „Ich stelle in Kevelaer täglich zwei Kerzen auf, dass die Zinsen nicht steigen", klagte der oberste Kassenwart nach dem Kassensturz. Noch in diesem Jahr muss der Finanzminister die Neuverschuldung auf 7,3 Milliarden Euro anheben – rund 2,1 Milliarden mehr, als die Vorgängerregierung geplant hat.
Um nach 39 Jahren SPD-Regierung das Anwachsen des Rekordschuldenbergs von 110 Milliarden Euro zu bremsen, kündigte Linssen für 2006 einen klaren Schnitt an: „Wir werden ein ganz deutliches Signal der Konsolidierung setzen."

Ohne Gegenmaßnahmen drohen spätestens 2010 jährlich elf Milliarden neue Schulden. „Wenn jetzt noch die Zinsen steigen, wird es ganz eng", ahnt Linssen.
Bei der Vorstellung der Eckpunkte seines zweiten Nachtragshaushalts schlug Linssen vor der FDP-Fraktion harte Töne an. Rot-Grün habe wie in den Jahren zuvor auch 2005 nur „pro forma" einen verfassungsgemäßen Haushalt aufgestellt. Jetzt tauchten Finanzlöcher von 900 Millionen Euro bei Beteiligungsgesellschaften des Landes (BLB, LEG) auf. Gleichzeitig habe Rot-Grün die Ausgaben für den Länderfinanzausgleich auf 150 Millionen Euro taxiert – überweisen muss NRW aber 550 Millionen. Zudem habe die Regierung Verkäufe von Landesvermögen eingeplant, die

nie realistisch gewesen seien. FDP-Fraktionschef Gerhard Papke wurde deutlich: „Wir müssen eine Schreckensbilanz bewältigen. Rot-Grün hat Bilanzfälschung betrieben." Auch Linssen befürchtet, dass er trotz radikaler Sparmaßnahmen erst 2010 wieder einen verfassungsgemäßen Haushalt vorlegen kann. Bis 2015 soll die Nettoneuverschuldung auf Null reduziert sein: „Bayern schafft das schon 2006." Eine Expertenkom-

mission soll Mitte Oktober ein Sanierungskonzept vorlegen, wo der Rotstift angesetzt werden muss. „Bilanzlügen und geturkte Haushalte wird es mit mir aber nicht geben", versprach Linssen.
Die rot-grüne Opposition warf der neuen Landesregierung vor, vom Sparen nicht viel zu halten: gleichzeitig fast 100 neue Stellen in den Ministerien zu schaffen. Wissenschaftsminister Andreas Pinkwart erhält in seinem Umfeld vier neue

Stellen, Innenminister Ingo Wolf fünf und Ministerpräsident Jürgen Rüttgers fünf Redenschreiber in der Staatskanzlei. Ganz normal, betonte Rüttgers: „Jeder Minister hat Anspruch auf Mitarbeiter, denen er 100-prozentig vertrauen kann." Auch als Rot-Grün 1995 koalierte, gab es in der inneren Führung Platz für 89 politische Weggefährten. „Ich habe nicht vor, mich für die Einstellungen zu entschuldigen", betonte Rüttgers. Auch Linssen machte klar: „Ich brauche eine Sanierungsmannschaft." Die Opposition werde überrascht sein, wie schnell die neuen „kw"-(künftig wegfallend)-Stellen an anderer Stelle abgebaut würden. In den nächsten Jahren will die neue Koalition jeweils 1,5 Prozent der 340 000 Stellen in der Landesverwaltung streichen.

60 Prozent der Steuereinnahmen fürs Personal

▶ Vor allem die Explosion der Personalkosten bereitet dem Minister Sorge. Heute wendet NRW fast 60 Prozent der jährlich 34 Milliarden Euro Steuereinnahmen fürs Personal auf. Selbst der frühere „SPD-Finanz-

minister Schleußer hat die vertretbare Grenze bei 50 Prozent gesehen", betont Linssen.
▶ Jährlich steigen die Kosten für Gehälter, Pensionen und Beihilfen im NRW-Haushalt um fast 800 Millionen Euro.

(Quelle: Aachener Zeitung, 14.09.2005)

Bereits im Jahr 2002 warf der Landesrechnungshof (LRH) den NRW-Finanzämtern Schlamperei vor, weil sie die Ausgaben von Unternehmen nicht genau prüfen. Durch diese Schlamperei entsteht dem Land NRW einen Schaden in Millionenhöhe.

Schlamperei in Finanzämtern

Landesrechnungshof rügt fehlerhafte Kontrolle – Millionenschaden

Düsseldorf. Der Landesrechnungshof (LRH) wirft den NRW-Finanzämtern Schlamperei bei der Festsetzung von Steuervorauszahlungen vor. Dem Fiskus entstehe jährlich ein hoher Millionen-Zinsschaden, weil Finanzämter Angaben von Firmen nicht genau prüften und Vorauszahlungen auf Einkommen- und Körperschaftssteuer zu niedrig ansetzten, heißt es in dem gestern vorgelegten LRH-Jahresbericht.

Eine Prüfung von 471 Steuerfällen in zwölf Finanzämtern ergab einen Schaden von 26 Millionen Euro für unnötige Zinszahlungen des Landes. Der Rechnungshof forderte Finanzminister Peer Steinbrück (SPD) auf, bei seinen Beamten „das Bewusstsein für die finanzielle Bedeutung einer möglichst frühzeitigen Anpassung der Vorauszahlungen" zu schärfen. Dieser hat auf die Kritik bereits reagiert. Steinbrück will erreichen, dass die Steuererklärungen möglichst frühzeitig abgegeben werden, damit der Fiskus schneller an die Nachzahlungen kommt.

Zudem spart das Land laut LRH nicht genug bei den Personalkosten. Trotz aller Ankündigungen würden die Personal- und Pensionskosten bis 2005 weiter um 2,8 auf 21,7 Milliarden Euro jährlich anwachsen. LRH-Präsidentin Ute Scholle forderte gestern eine schnellere Streichung der 10 500 „künftig wegfallenden" Stellen in den Landesbehörden. Anders sei die Senkung der Schuldenlast nicht zu schaffen. In den vorigen zehn Jahren sind die Schulden um 50 Prozent auf 87 Milliarden Euro gestiegen. Auf Grund des Einbruchs bei den Steuereinnahmen im Jahr 2001 muss das Land 56,7 Prozent der Einnahmen für Personalkosten ausgeben. Mit 4,5 Milliarden Euro werden 2005 die Versorgungsbezüge für Pensionäre bereits jeden zehnten Steuer-Euro kosten. (wg/dpa)

(Quelle: Aachener Zeitung, 18.02.2002)

Betrüger im Finanzamt

20 Mitarbeiter unter Verdacht – Geld in Luxemburg angelegt

Von GÜNTER MALZ
Düsseldorf - Niemand zahlt gern Steuern - auch Finanzbeamte nicht! Um die Zinsertragssteuer zu sparen, legte ein Beamter 1,6 Millionen Mark in Luxemburg an. Schaden für den Fiskus in zehn Jahren: 401312 Mark.

Mindestens 20 Beamte der NRW-Finanzverwaltung haben es mit der eigenen Ehrlichkeit nicht allzu genau genommen, behauptet heute das Nachrichtenmagazin „Focus". Finanzminister Peer Steinbrück zum Steuerskandal in der eigenen Behörde: „Wir haben die Leute sofort vom Dienst suspendiert."

Als der Finanzbeamte fürchtete aufzufliegen, erstattete er Selbstanzeige. Gegen die Kürzung der Bezüge auf die Hälfte klagte er vor dem Oberverwaltungsgericht Münster - die Beschwerde wurde abgelehnt. Ein anderer Finanzbeamter legte 200000 Mark in Luxemburg an - und brachte den Staat um 75000 Mark Steuern. Er hatte mit seiner Klage in Münster Erfolg. Obwohl auch er freigestellt wurde, bekommt er weiter die vollen Beamtenbezüge.

Finanzminister Steinbrück möchte die Finanzbeamten jetzt endgültig rausschmeißen. Die Verfahren laufen.

(Quelle: BILD Zeitung, 13.08.2001)

Info: Ein **Finanzbeamter**, der pflichtwidrig Steuern nicht erhebt, begeht gem. **§ 13 StGB** eine **Steuerstraftat durch Unterlassen**.

3. Beendigung des Arbeitsverhältnisses durch Aufhebungsvertrag

Die Unternehmen behaupten immer, dass es keine Kündigungen gibt. Dies bedeutet, dass die Arbeitsplätze durch **Aufhebungsverträge** und Abfindungszahlungen verringert werden. Wie sieht jetzt in der Praxis die Beendigung des Arbeitsverhältnisses aus?

Ein Arbeitsverhältnis zwischen Arbeitgeber und Arbeitnehmer wird durch Aufhebungsvertrag wie folgt beendet.

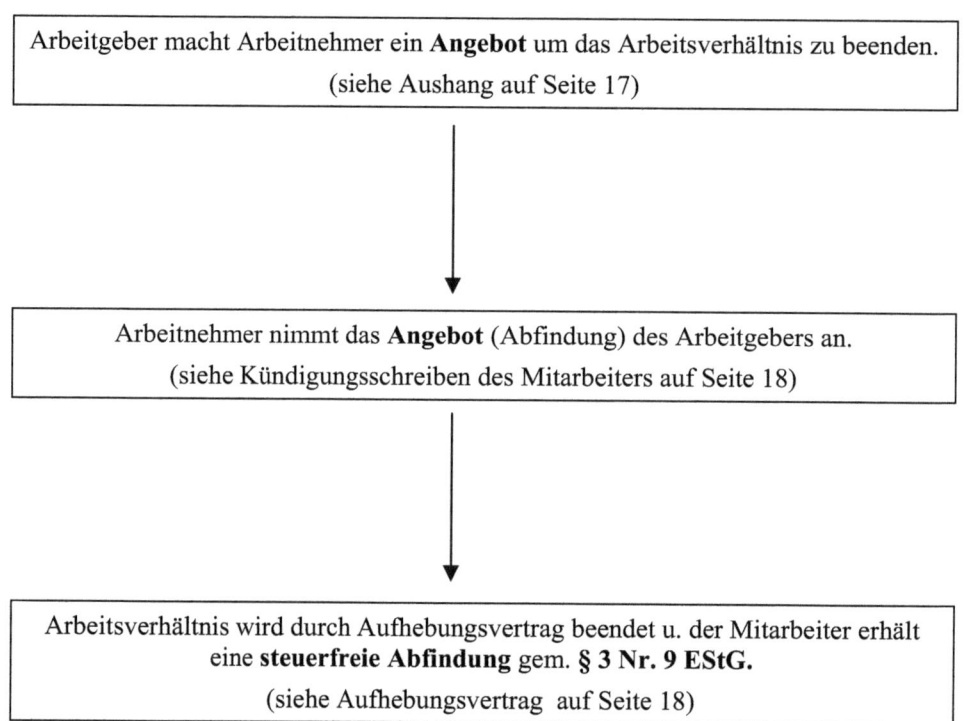

Hierbei müssen aber Arbeitgeber und Arbeitnehmer **steuerliche** und **sozialversicherungsrechtliche** Vorschriften beachten.

Lohnsteuerrechtlich (§ 3 Nr. 9 EStG) ist zu beachten: **bis 1999**
Abfindungen wegen <u>**einer vom Arbeitgeber veranlaßten**</u> oder gerichtlich ausgesprochenen Auflösung des Arbeitsverhältnisses sind steuerfrei, soweit sie 24.000,-- DM nicht übersteigen. Hat der Arbeitnehmer das 50. Lebensjahr vollendet und hat das Arbeitsverhältnis mindestens 15 Jahre bestanden, so beträgt der Höchstbetrag 30.000,-- DM; hat der Arbeitnehmer das 55. Lebensjahr vollendet und hat das Arbeitsverhältnis mindestens 20 Jahre bestanden, so beträgt der Höchstbetrag 36.000,-- DM.
Lohnsteuerrechtlich (§ 3 Nr. 9 EStG) ist zu beachten: **ab 1999**
<u>**Steuerfrei**</u> sind Abfindungen wegen <u>**einer vom Arbeitgeber veranlaßten**</u> oder gerichtlich ausgesprochenen Auflösung des Dienstverhältnisses, höchstens jedoch 16.000,-- DM (8.181,-- €). Hat der Arbeitnehmer das 50. Lebensjahr vollendet und hat das Dienstverhältnis mindestens 15 Jahre bestanden, so beträgt der Höchstbetrag 20.000,-- DM (10.226,-- €); hat der Arbeitnehmer das 55. Lebensjahr vollendet und hat das Dienstverhältnis mindestens 20 Jahre bestanden, so beträgt der Höchstbetrag 24.000,-- DM (12.271,-- €).

> **Sozialversicherungsrechtlich (§ 144 SGB III --> früher §§ 119, 119a AFG) ist zu beachten:**
>
> Das Arbeitsamt hat eine **Sperrzeit** von **12 Wochen** beim Arbeitslosengeld zu verhängen, wenn der Arbeitslose das Arbeitsverhältnis gelöst und dadurch vorsätzlich oder grob fahrlässig die Arbeitslosigkeit herbeigeführt hat, ohne für sein Verhalten einen wichtigen Grund zu haben.

> **§ 119 AFG (Arbeitsförderungsgesetz)**   **Sperrzeit**
>
> (1) Hat der Arbeitslose
> 1. das Beschäftigungsverhältnis gelöst oder durch ein arbeitsvertragswidriges Verhalten Anlaß für die Lösung des Beschäftigungsverhältnisses gegeben und hat er dadurch vorsätzlich oder grobfahrlässig die Arbeitslosigkeit herbeigeführt oder
> 2. ...
> ohne für sein Verhalten einen wichtigen Grund zu haben, so tritt eine Sperzeit von 8 Wochen ein.
> ....
>
> **§ 119 a AFG (Arbeitsförderungsgesetz)**
>
> Bei Sperrzeiten nach § 119 Abs. 1 Satz 1 Nr. 1 gilt § 119 mit folgenden Maßgaben:
> 1. Die Dauer der Sperrzeit nach Absatz 1 Satz 1 beträgt **12 Wochen**, die Dauer nach Absatz 2 Satz 1 6 Wochen.

Das Recht der Arbeitsförderung war früher im Arbeitsförderungsgesetz (AFG) geregelt. Zum **01.01.1998** ist es dann mit dem Arbeitsförderungs-Reformgesetz (AFRG) vom 24.03.1997 als **Buch III** in das **Sozialgesetzbuch** eingegliedert worden.

> **§ 144 SGB III (Sozialgesetzbuch)**   **Ruhen des Anspruchs bei Sperrzeit**
>
> (1) Hat der Arbeitslose
> 1. das Beschäftigungsverhältnis gelöst oder durch ein arbeitsvertragswidriges Verhalten Anlaß für die Lösung des Beschäftigungsverhältnisses gegeben und hat er dadurch vorsätzlich oder grobfahrlässig die Arbeitslosigkeit herbeigeführt (Sperrzeit wegen Arbeitsaufgabe)
> 2. ...
> ohne für sein Verhalten einen wichtigen Grund zu haben, so tritt eine Sperrzeit von **12 Wochen** ein.

Ferner ist zu beachten, dass die Rechtgrundlage für einen Vertrag den **§§ 145 ff. BGB** (siehe Seite 16) zu entnehmen ist. Der Aufhebungsvertrag kommt nämlich nur zustande, wenn der Mitarbeiter das Arbeitsverhältnis auch beenden will (siehe **§ 151 BGB**). Somit ist der Mitarbeiter derjenige, der die Beendigung durch einen Aufhebungsvertrag veranlaßt (**schriftlich** oder **mündlich**). Als Beweis dient hier:

1. Das **Zeugnis**
   (Mitarbeiter schied am 00.00.0000 auf **eigenen Wunsch** aus unserem Unternehmen aus. Siehe Seite 19)

2. Die **Sperrzeit** von 12 Wochen beim **Arbeitsamt** gem. **§ 144 SGB III** (früher §§ 119, 119 a AFG)
   (hat der **Arbeitslose** das **Beschäftigungsverhältnis gelöst** oder .... Siehe oben und Seite 20)

Die **Abfindung darf somit nicht steuerfrei ausgezahlt werden**, da der Arbeitgeber die Auflösung nicht veranlaßt hat (siehe § 3 Nr. 9 EStG).
Im Aufhebungsvertrag schreibt der **Arbeitgeber** aber:

Das Arbeitsverhältnis wurde **auf unsere Veranlassung aufgelöst** bzw. beendet. (Siehe Seite 18)

Da die Arbeitgeber im Aufhebungsvertrag und auch gegenüber den Finanzämtern **falsche Angaben machen**, ist die **steuerfrei ausgezahlte Abfindung** eine

Steuerhinterziehung wegen Gestaltungsmißbrauch

gem. **§ 42 Abgabenordnung (AO)**.

(Siehe Kommentar zur Abgabenordnung, Franz Klein, 7. Auflage, § 42 Rn 26)

Vertrag:

Ein Vertrag ist die von 2 oder mehr Personen erklärte Willensübereinstimmung über die Herbeiführung eines bestimmten rechtlichen Erfolges.

Vertragsschluß:

Er vollzieht sich i.d.R. in der Form eines zeitlich vorangehenden <u>Antrages</u> (§§ 145 ff.) und seiner <u>Annahme</u> (§§ 146 ff.).

(BGB-Kommentar, Palandt, 60. Auflage, Einf. v. § 145, Rn 1 u. 4)

---

§ 311 BGB   **Rechtsgeschäftliche und rechtsgeschäftsähnliche Schuldverhältnisse**

(1) Zur Begründung eines Schuldverhältnisses durch Rechtsgeschäft sowie zur Änderung des Inhalts eines Schuldverhältnisses <u>ist ein Vertrag zwischen den Beteiligten erforderlich</u>, soweit nicht das Gesetz ein anderes vorschreibt.

(2) ....

§ 145 BGB   **Bindung an den Antrag**

Wer einem anderen die Schließung eines Vertrags anträgt, ist an den Antrag gebunden, es sei denn, dass er die Gebundenheit ausgeschlossen hat.

§ 146 BGB   **Erlöschen des Antrags**

Der Antrag erlischt, wenn er dem Antragenden gegenüber abgelehnt oder wenn er nicht diesem gegenüber nach den §§ 147 bis 149 rechtzeitig angenommen wird.

§ 147 BGB   **Annahmefrist**

(1) Der einem Anwesenden gemachte Antrag kann nur sofort angenommen werden. Dies gilt auch von einem mittels Fernsprechers oder einer sonstigen technischen Einrichtung von Person zu Person gemachten Antrag.

(2) Der einem Abwesenden gemachte Antrag kann nur bis zu dem Zeitpunkt angenommen werden, in welchem der Antragende den Eingang der Antwort unter regelmäßigen Umständen erwarten darf.

§ 148 BGB   **Bestimmung einer Annahmefrist**

Hat der Antragende für die Annahme des Antrags eine Frist bestimmt, so kann die Annahme nur innerhalb der Frist erfolgen.

§ 151 BGB   **Annahme ohne Erklärung gegenüber dem Antragenden**

<u>Der Vertrag kommt durch die Annahme des Antrags zustande</u>, ohne dass die Annahme dem Antragenden gegenüber erklärt zu werden braucht, wenn eine solche Erklärung nach der Verkehrssitte nicht zu erwarten ist oder der Antragende auf sie verzichtet hat. Der Zeitpunkt, in welchem der Antrag erlischt, bestimmt sich nach dem aus dem Antrag oder den Umständen zu entnehmenden Willen des Antragenden.

Aushang bei der Rheinbraun AG, Stüttgenweg 2, 50935 Köln

Köln, 25. März 1997

AUSHANG

Abfindungsregelung

Gemäß Entscheidung des Vorstands wird die bisherige Abfindungsregelung in Abstimmung mit dem Gesamtbetriebsrat ab dem 01.07.97 bis zum 30.06.98 verlängert, wobei jedoch folgende Änderungen gelten:

Der jetzige Sockelbetrag in Höhe von DM 80.000 wird gesenkt, und zwar auf

> DM **60.000** ab dem Ausscheidedatum **01.07.97**,
> DM **45.000** ab dem Ausscheidedatum **01.09.97**,
> DM **30.000** ab dem Ausscheidedatum **01.11.97**,
> DM **15.000** ab dem Ausscheidedatum **01.01.98**.

Zusätzlich zum jeweiligen Sockelbetrag wird - wie bisher - ein halbes Grundgehalt pro angefangenem Dienstjahr gezahlt, wobei ab dem 01.07.97 jedoch **höchstens 30 Dienstjahre** berücksichtigt werden.

Die weiteren Festlegungen der jetzigen Abfindungsregelung bleiben unverändert bestehen.

Bei dieser Gelegenheit weisen wir darauf hin, daß Mitarbeiter, die eine Werkswohnung bewohnen, auch nach ihrem Ausscheiden gemäß o.a. Abfindungsregelung **unbefristet Wohnberechtigung** für diese Wohnung behalten (bisher höchstens 2 Jahre nach der Abkehr).

Glückauf

Muster für ein Kündigungsschreiben des Mitarbeiters

Martin Mustermann
Steuerstr. 1
50667 Köln

Köln, den 00.00.0000

XY AG
Unter den Linden 1

50667 Köln

Beendigung meines Arbeitsverhältnisses

Sehr geehrte Damen und Herren,

ich beziehe mich auf unser Gespräch am 00.00.0000 und <u>bitte hiermit das zwischen mir und der XY-AG bestehende Arbeitsverhältnis im beiderseitigen Einvernehmen zum 00.00.0000 aufzuheben.</u>

Außerdem bitte ich sie mir bei Beendigung des Arbeitsverhältnisses ein qualifiziertes Zeugnis auszustellen.

Mit freundlichen Grüßen

Martin Mustermann

Anmerkung: Der Mitarbeiter kann das Arbeitsverhältnis auch **mündlich** beenden.

Muster für einen Aufhebungsvertrag des Arbeitgebers

XY AG
Unter den Linden 1
50667 Köln

Köln, den 00.00.0000

Martin Mustermann
Steuerstr. 1

50667 Köln

Aufhebungsvertrag

Sehr geehrter Herr Mustermann,

wie bereits mit ihnen persönlich besprochen, wird das mit ihnen bestehende Arbeitsverhältnis mit Ablauf des 00.00.0000 **auf unsere Veranlassung einvernehmlich aufgehoben.**

Mit der Gehaltsabrechnung für den Monat .... erhalten sie als **Abfindung** für die Beendigung des Arbeitsverhältnisses eine **Zahlung von 00.000,-- €.**

Für ihre Mitarbeit in unserem Unternehmen möchten wir uns bei ihnen bedanken.

Mit freundlichen Grüßen

XY AG

Muster für ein Zeugnis des ehemaligen Mitarbeiters

XY AG

Köln, den 00.00.0000

ZEUGNIS

Herr Martin Mustermann, geboren am 00.00.0000, wurde am 00.00.0000 in unserem Unternehmen als .... eingestellt.

Nach seiner Einarbeitung gehörte zu seinem Aufgabengebiet ....

....

Herr Mustermann hat alle an ihn gestellten Aufgaben stets zu unserer vollsten Zufriedenheit ausgeführt. Sein Verhalten zu Vorgesetzten und Kollegen war jederzeit einwandfrei.

Herr Mustermann **schied** am 00.00.0000 **auf eigenen Wunsch aus unserem Unternehmen aus**.

Wir wünschen ihm für seine weitere Zukunft alles Gute.

XY AG

Bei der Rheinbraun AG wurde **ab 1996** das **Kündigungsschreiben** und das **Zeugnis** nach einer **Arbeitsanweisung** aus den **Akten entfernt** bzw. **vernichtet**.

Bei der Anweisung aus dem Jahre 1996 **ging es darum**, nach Beendigung des Arbeitsverhältnisses aus den Personalakten irreführende **Unterlagen**, die weder vor Beendigung des Arbeitsverhältnisses und erst recht nicht danach irgendwelche rechtlichen Wirkungen entfaltet haben, **entfernt werden sollten.**

Mit freundlichen Grüßen

Rheinbraun Aktiengesellschaft
Personalwesen PT

Rheinbraun AG, Stüttgenweg 2, 50935 Köln, den **15.08.2000**

Mitteilung über Sperrzeit (12 Wochen) vom Arbeitsamt

Arbeitsamt Aachen
Dienststelle Alsdorf

Bundesanstalt
für Arbeit

Arbeitsamts-Dienststelle, Postfach 1240, 52462 Alsdorf

Herrn

Telefonische Auskunft in Leistungsangelegenheiten
mo — do: 8.00 - 15.30 Uhr fr: 8.00 - 12.30 Uhr
Aus Datenschutzgründen können tel. Auskünfte nur in sehr begrenztem Umfang erteilt werden.

Ihre Nachricht

Durchwahl 900-

Datum   2 8. 11. 97

Mein Zeichen

(Bitte bei jeder Antwort dieses Zeichen angeben)

Betreff: Sperrzeit vom 01.11.97 bis 23.01.98 (12 Wochen)

Sehr geehrter Herr

in Ihrem Falle ist für den oben angeführten Zeitraum eine
Sperrzeit eingetreten. Während dieser Zeit ruht der Anspruch
auf Arbeitslosengeld. Sie erhalten die Leistung erst nach Ablauf der Sperrzeit. Hierzu nehme ich Bezug auf den Bewilli-
gungsbescheid, der Ihnen gesondert übersandt wird.

Sie haben Ihre Beschäftigung selbst aufgegeben, denn Sie haben
Ihr Arbeitsverhältnis bei   . zum 31.10.97 durch Aufhebungsvertrag gelöst. Dabei ist es unerheblich, ob die Initiati-
ve zum Abschluß des Aufhebungsvertrages von Ihnen oder von Ihrem ehemaligen Arbeitgeber ausgegangen ist. Entscheidend ist,
daß der Aufhebungsvertrag ohne Ihre Zustimmung nicht zustande
kommen konnte.

Sie mußten voraussehen, daß Sie dadurch arbeitslos werden.

Die Umstände, die zur Arbeitslosigkeit führten wurden von Ihnen
bestätigt. In den vorhandenen Unterlagen habe ich auch keine
Anhaltspunkte für das Vorliegen eines wichtigen Grundes für Ihr
Verhalten gefunden.

Die Sperrzeit umfaßt das gesetzliche Normalmaß von 12 Wochen.
Sie bedeutet keine besondere Härte, denn persönliche und wirtschaftliche Gründe als Folge der Sperrzeit müssen unberücksich-
tigt bleiben.

Diese Sperrzeitentscheidung beruht auf den §§ 119, 119a Arbeitsförderungsgesetz.

- 2 -

119-38

Dienstgebäude
Otto-Wels-Str. 4

52477 Alsdorf

Gleitende
Arbeitszeit

Sprechzeiten
mo-fr: 8.00-12.30 Uhr, do: 14.00-18.00 Uhr und nach Vereinbarung
Stellen-Informations-Service (SIS)
mo-mi: 8.00-16.00 Uhr, do: 8.00-18.00 Uhr, fr:8.00-12.30 Uhr

Falls Sie Ihren Gesprächspartner außerhalb der Stammarbeitszeit (mo-do 8.30-15.30
Uhr, fr. 8.00-12.30 Uhr) nicht erreichen sollten, bitten wir um Ihr Verständnis.

Telefon
(02404) 900-0
oder Durchwahl Nr.

Telefax
(02404) 900-200

Rechtsgrundlage:

Bis 1998:   §§ 119, 119a Arbeitsförderungsgesetz (AFG)

Ab 1998:   § 144 Sozialgesetzbuch -Buch III- (SGB III)

4. Rechtsgrundlage für die Steuererhebung

Die Rechtsgrundlage für die Steuererhebung kann man dem **Einkommensteuergesetz** (EStG) und der **Abgabenordnung** (AO) entnehmen. Die Gesetzestexte sind nachfolgend abgedruckt. Ferner sind auch Kommentare zu verschiedenen §§ abgedruckt.

---

§ 3 EStG   **Steuerfreie Einnahmen**

<u>Steuerfrei</u> sind

1. ...

9. <u>Abfindungen</u> wegen einer <u>vom Arbeitgeber veranlaßten</u> oder gerichtlich ausgesprochenen **Auflösung des Dienstverhältnisses**, höchstens jedoch 16.000,-- DM **(8.181,-- €)**. Hat der Arbeitnehmer das 50. Lebensjahr vollendet und hat das Dienstverhältnis mindestens 15 Jahre bestanden, so beträgt der Höchstbetrag 20.000,-- DM **(10.226,-- €)**, hat der Arbeitnehmer das 55. Lebensjahr vollendet und hat das Dienstverhältnis mindestens 20 Jahre bestanden, so beträgt der Höchstbetrag 24.000,-- DM **(12.271,-- €)**.

10. ...

- -

§ 38 EStG   **Erhebung der Lohnsteuer**

(1) Bei Einkünften aus nichtselbständiger Arbeit wird die Einkommensteuer durch Abzug vom Arbeitslohn erhoben **(Lohnsteuer)**, soweit der Arbeitslohn von einem Arbeitgeber gezahlt wird, ...

(3) Der **Arbeitgeber** hat die Lohnsteuer für Rechnung des Arbeitnehmers **bei jeder Lohnzahlung vom Arbeitslohn einzubehalten**. Bei juristischen Personen des öffentlichen Rechts hat die öffentliche Kasse, die den Arbeitslohn zahlt, die Pflichten des Arbeitgebers.

(4) ...

- -

§ 41 a EStG   **Anmeldung und Abführung der Lohnsteuer**

(1) Der Arbeitgeber hat spätestens am 10. Tag nach Ablauf eines jeden Lohnsteuer-Anmeldungszeitraums

1. dem Finanzamt, in dessen Bezirk sich die Betriebsstätte befindet (Betriebsstättenfinanzamt), eine Steuererklärung einzureichen, in der er die Summer der im Lohnsteuer-Anmeldungszeitraum einzubehaltenden und zu übernehmenden Lohnsteuer angibt (Lohnsteuer-Anmeldung),

2. die im **Lohnsteuer-Anmeldungszeitraum insgesamt einbehaltene und übernommene Lohnsteuer an das Betriebsstättenfinanzamt abzuführen**.

...

- -

§ 42 d EStG   **Haftung des Arbeitgebers und Haftung bei Arbeitnehmerüberlassung**

(1) Der <u>Arbeitgeber haftet</u>

1. für die **Lohnsteuer, die er einzubehalten und abzuführen hat**,

2. für die Lohnsteuer, die er beim Lohnsteuer-Jahresausgleich zu Unrecht erstattet hat,

3. für die **Einkommensteuer** (Lohnsteuer), **die auf Grund fehlerhafter Angaben** im Lohnkonto oder in der Lohnsteuerbescheinigung <u>verkürzt wird</u>,

...

Der **Haftungsanspruch entsteht** (§ 38 AO), sobald die einzubehaltene Lohnsteuer zum Fälligkeitszeitpunkt nicht an das Finanzamt abgeführt wird.

Voraussetzung der Haftung ist eine **Pflichtverletzung durch den Arbeitgeber**; dies setzt stets schuldhaftes Verhalten voraus.

Eine Inanspruchnahme des Arbeitgebers ist regelmäßig ermessensfehlerfrei, wenn der **Steuerabzug bewußt oder leichtfertig versäumt worden ist**. Bei **Lohnsteuernachforderung** für **mehr als 40 Arbeitnehmer** ist die Inanspruchnahme des Arbeitgebers regelmäßig gerechtfertigt.

Es ist zu beachten, dass der Arbeitgeber die Möglichkeit der Anrufungsauskunft hat. Daher kann im Einzelfall eine nicht hinreichende Unterrichtung nicht nur bei rechtlich einfach gelagerten Fällen schädlich sein, sondern der Verzicht auf eine Anrufungsauskunft kann gerade in schwierigen Fällen vorwerfbar sein.

(EStG-Kommentar, Ludwig Schmidt, 20. Auflage, § 42 d Rn 6, 10, 27, 31)

---

§ 16 AO   **Sachliche Zuständigkeit**

Die sachliche Zuständigkeit der Finanzbehörde richtet sich, soweit nichts anderes bestimmt ist, nach dem Gesetz über die Finanzverwaltung.

---

§ 17 AO   **Örtliche Zuständigkeit**

Die örtliche Zuständigkeit richtet sich, soweit nichts anderes bestimmt ist, nach den folgenden Vorschriften.

---

§ 25 AO   **Mehrfache örtliche Zuständigkeit**

Sind mehrere Finanzbehörden zuständig, so entscheidet die Finanzbehörde, die zuerst mit der Sache befaßt worden ist, es sei denn, die zuständigen Finanzbehörden einigen sich auf eine andere zuständige Finanzbehörde oder die gemeinsame fachlich zuständige Aufsichtsbehörde bestimmt, dass eine andere örtliche zuständige Finanzbehörde zu entscheiden hat. Fehlt eine gemeinsame Aufsichtsbehörde, so treffen die fachlich zuständigen Aufsichtsbehörden die Entscheidung gemeinsam.

---

§ 33 AO   **Steuerpflichtiger**

(1) Steuerpflichtiger ist, wer eine Steuer schuldet, für eine Steuer haftet, **eine Steuer für Rechnung eines Dritten einzubehalten und abzuführen hat**, wer eine Steuererklärung abzugeben, Sicherheit zu leisten, Bücher und Aufzeichnungen zu führen oder andere ihm durch die Steuergesetze auferlegte Verpflichtungen zu erfüllen hat.

(2) ...

Eine Steuer einzubehalten und abzuführen (Steuerentrichtungspflichtiger) hat insbesondere der **Arbeitgeber** nach **§§ 38 III, 41 a I Nr. 2 EStG.**

(AO-Kommentar, Franz Klein, 7. Auflage, § 33 Rn 32)

---

§ 34 AO   **Pflichten der gesetzlichen Vertreter und der Vermögensverwalter**

(1) Die gesetzlichen Vertreter natürlicher und juristischer Personen und die Geschäftsführer von nichtrechtsfähigen Personenvereinigungen und Vermögensmassen haben deren steuerliche Pflichten zu erfüllen. Sie haben insbesondere **dafür zu sorgen, dass die Steuern aus den Mitteln entrichtet werden, die sie verwalten.**

(2) ...

Die nach § 34 Verpflichteten werden erst dann Beteiligte eines Steuerschuldverhältnisses iSd. § 37 I AO, wenn sie als Haftende nach § 69 AO in Anspruch genommen worden sind, **weil sie ihre Pflichten aus § 34 AO verletzt haben.**

Pflichten der gesetzlichen Vertreter:

Buchführungs- und Aufzeichnungspflichten, Erklärungs-, Auskunfts-, Vorlagepflichten, **Steuereinbehaltungs- und Entrichtungspflichten**, Duldungspflichten.

Die Pflicht, für die Entrichtung der Steuern zu sorgen, entsteht nicht erst mit Fälligkeit der Steuer, wenn die Steueransprüche zu erwarten sind. Der gesetzliche Vertreter eines Steuerschuldners ist demgemäß **bereits vor Fälligkeit der Steuern verpflichtet**, die Mittel des Steuerschuldners so zu verwalten, dass dieser **zur pünktlichen Zahlung** erst später werdender Steuerschulden **in der Lage ist**.

(AO-Kommentar, Franz Klein, 7. Auflage, § 34 Rn 1, 13, 14)

> **§ 37 AO** **Ansprüche aus dem Steuerschuldverhältnis**
>
> (1) Ansprüche aus dem Steuerschuldverhältnis sind der Steueranspruch, der Steuervergütungsanspruch, der Haftungsanspruch, der Anspruch auf eine steuerliche Nebenleistung, der Erstattungsanspruch nach Absatz 2 sowie die in Einzelsteuergesetzen geregelten Steuererstattungsansprüche.
>
> (2) ...
>
> --
>
> **§ 38 AO** **Entstehung der Ansprüche aus dem Steuerschuldverhältnis**
>
> Die Ansprüche aus dem Steuerschuldverhältnis entstehen, sobald der Tatbestand verwirklicht ist, an den das Gesetz die Leistungspflicht knüpft.
>
> **§ 42 AO** **Mißbrauch von rechtlichen Gestaltungsmöglichkeiten**
>
> Durch Mißbrauch von Gestaltungsmöglichkeiten des Rechts kann das Steuergesetz nicht umgangen werden. Liegt ein Mißbrauch vor, so entsteht der Steueranspruch so, wie er bei einer den wirtschaftlichen Vorgängen angemessenen rechtlichen Gestaltung entsteht.

Steuerhinterziehung liegt vor, wenn der Steuerpflichtige <u>**pflichtwidrig unvollständige**</u> oder <u>**unrichtige Angaben**</u> macht, um das Vorliegen einer Steuerumgehung zu verschleiern (OLG Bremen StRK AO 1977 § 370 R 77)

(AO-Kommentar, Franz Klein, 7. Auflage, § 42 Rn 26)

§ 42 AO ist eine Zurechnungsvorschrift. Die Folgen eines Mißbrauchs treffen denjenigen, der sich einer Gestaltung bedient, durch die das Steuergesetz umgangen wird.

(AO-Kommentar, Franz Klein, 7. Auflage, § 42 Rn 24)

Steuerersparnis durch Gesetzesumgehung. Voraussetzung für die Anwendung des § 42 ist, dass auf dem angemessenen Weg eine höhere Steuer zu zahlen wäre als auf dem tatsächlich eingeschlagenen unangemessenen.

Die Vorschrift ist schon im Interesse der **gleichmäßigen Behandlung aller Steuerpflichtigen** nötig.

Steuerumgehung stellt sich dar „als die Erreichung einer bestimmten wirtschaftlichen Lage unter Vermeidung des rechtlichen Tatbestandes, welchen der Gesetzgeber hierfür als üblich im Verkehrsleben angesehen und daher zur Voraussetzung der Entstehung des Steueranspruchs erhoben hat."

Mißbrauch liegt vor, wenn eine Gestaltung gewählt worden ist, die gemessen an dem erstrebten Ziel unangemessen ist, der Steuerminderung dienen soll und durch wirtschaftliche oder sonst beachtliche nichtsteuerliche Gründe nicht zu rechtfertigen ist.

(AO-Kommentar, Franz Klein, 7. Auflage, § 42 Rn 4, 8, 11)

Da es aber keine Vermutung für die Unangemessenheit der Gestaltung gibt, verbindet der BFH die Vermutung für eine Umgehungsabsicht meist mit häufig wiederkehrenden mißbräuchlichen Gestaltungen (vgl BFH BStBl 90, 100) oder Gestaltungen, die regelmäßig den Schluß auf eine Umgehungsabsicht zulassen (BFH BStBl 92, 532).

Der BFH spricht von einer **erhöhten Pflicht des Steuerpflichtigen zur Mitwirkung** hinsichtlich solcher Umstände, aus denen sich ergibt, dass eine mißbräuchliche Gestaltung ausgeschlossen ist. Der Steuerpflichtige muß diese Gründe unmittelbar oder durch Indizien beweisen.

(AO-Kommentar, Franz Klein, 7. Auflage, § 42 Rn 28, 29)

---

§ 69 AO   **Haftung der Vertreter**

Die in §§ 34 und 35 AO bezeichneten Personen haften, soweit Ansprüche aus dem Steuerschuldverhältnis (§ 37 AO) infolge **vorsätzlicher** oder **grob fahrlässiger Verletzung** der ihnen **auferlegten Pflichten nicht** oder **nicht rechtzeitig festgesetzt** oder **erfüllt** oder soweit infolgedessen Steuervergütungen oder Steuererstattungen ohne rechtlichen Grund gezahlt werden. Die Haftung umfaßt auch die infolge der Pflichtverletzung zu zahlenden Säumniszuschläge.

Wer eine der in **§§ 34, 35 AO** bezeichneten Funktionen übernimmt, **muß sich die zu deren Erfüllung notwendigen Kenntnisse und Fähigkeiten verschaffen.** Als Verschuldensformen kommen nur Vorsatz und grobe Fahrlässigkeit (Nichtbeachtung der einfachsten, jedermann einleuchtenden Regeln) in Betracht.

(AO-Kommentar, Franz Klein, 7. Auflage, § 69 Rn 19)

Struktur des Haftungstatbestandes. Die Vorschrift begründet für die in §§ 34, 35 AO bezeichneten Personen die öffentlich-rechtliche (steuerliche) Pflicht, für eine zu Lasten eines anderen begründete Steuerschuld mit ihrem eigenen Vermögen unbeschränkt einstehen zu müssen. Ziel der Haftung ist es, Steuerausfälle auszugleichen, die durch schuldhafte Pflichtverletzungen jener Personen verursacht worden sind; die Haftung läuft also auf einen Schadensersatzanspruch des Fiskus hinaus.
(AO-Kommentar, Franz Klein, 7. Auflage, § 69 Rn 1)

Geschäftsführer dürfen diese Aufgabe nur übernehmen, **wenn sie auch die dafür erforderlichen steuerrechtlichen Kenntnisse besitzen.** Sie müssen sich mit den handels- und steuerrechtlichen Erfordernissen ihres Amtes vertraut machen. **Grob fahrlässig handelt,** wer dies unterläßt und keine Erkundigungen über die hierfür zu beachtenden allgemeinen Pflichten des Steuerrechts eingezogen hat. Er kann sich auch nicht auf seine mangelnden Erfahrungen berufen, auch nicht als Ausländer. Zweifelsfragen steuerrechtlicher Art müssen nach bestem Wissen geprüft werden; ein Geschäftsführer muß nötigenfalls fachkundige Hilfe herbeiholen.
(AO-Kommentar, Franz Klein, 7. Auflage, § 69 Rn 55)

Mitarbeitern kann die Erledigung der steuerlichen Pflichten **übertragen werden,** wenn sie vertrauenswürdig sind; sie müssen dann aber sorgfältig ausgewählt und überwacht werden. Über längere Zeit andauernde Unregelmäßigkeiten indizieren ein Verschulden.
Der Verpflichtete muß sich so eingehend selbst über den Geschäftsgang unterrichten, dass er unter normalen Umständen damit rechnen kann, eine nicht ordnungsgemäße Erledigung rechtzeitig aufzudecken, ohne dass er jede einzelne Verrichtung selbst kontrollieren muß.
Für die **Überwachungspflicht** macht es **keinen wesentlichen Unterschied,** ob mit der Pflichtenerfüllung ein **leitender Angestellter** (z.B. Prokurist) oder ein **Mitarbeiter mit geringeren Vollmachten** (z.B. Buchhalter) betraut worden ist.
Niemand kann sich aber idR. damit entschuldigen, dass er seine Pflichten auf andere (z.B. Angestellte oder Steuerberater) übertragen und diesen freie Hand gelassen habe.
(AO-Kommentar, Franz Klein, 7. Auflage, § 69 Rn 82, 83, 84, 85)

Verschulden. Haftung tritt nur bei Vorsatz oder grober Fahrlässigkeit ein.
Vorsätzlich handelt, wer sich bewußt ist, dass sein Handeln oder Unterlassen die Verkürzung der Steuern herbeiführt, und diesen Erfolg entweder will oder doch wenigstens billigend in Kauf nimmt.
Nach der Rechtsprechung des BFH ist **grobe Fahrlässigkeit** gegeben, falls jemand die Sorgfalt, zu der er nach den Umständen und seinen persönlichen Kenntnissen verpflichtet und imstande war, in ungewöhnlich hohem Maße verletzt.
Der Haftende kann sich nicht auf sein eigenes Unvermögen, seinen Aufgaben nachzukommen, **berufen**; wer z.B. den Anforderungen an einen gewissenhaften Geschäftsführer nicht entsprechen kann, muß vielmehr von der Übernahme des Geschäftsführeramtes absehen bzw. es niederlegen; sonst haftet er auch dann, wenn er nicht befähigt oder aus irgendwelchen Gründen nicht in der Lage ist, seinen Überwachungsaufgaben und seiner Pflicht, diejenigen Personen sorgfältig auszuwählen, denen er die Erledigung steuerlicher Angelegenheiten der Gesellschaft und damit die Erfüllung seiner eigenen Pflichten überläßt, nachzukommen.
(AO-Kommentar, Franz Klein, 7. Auflage, § 69 Rn 95, 96, 97, 98)

Aus der **Verletzung der Mitwirkungspflicht** bei der Aufklärung des Sachverhalts können sich Nachteile bei der Beweiswürdigung für den Haftungsschuldner ergeben.

Die **Haftung** besteht daher auch für **Verspätungs-** und **Säumniszuschläge**, die infolge vorsätzlicher oder grobfahrlässiger **Verletzung der Pflichten** nicht oder nicht rechtzeitig festgesetzt oder erfüllt worden sind.

(AO-Kommentar, Franz Klein, 7. Auflage, § 69 Rn 109, 112, 113)

---

§ 71 AO   **Haftung des Steuerhinterziehers und des Steuerhelers**

Wer eine **Steuerhinterziehung** oder eine Steuerhehlerei **begeht** oder an einer solchen Tat teilnimmt, **haftet** für die verkürzten Steuern und die zu Unrecht gewährten Steuervorteile sowie für die Zinsen nach § 235 AO.

Haftende Personen. Als Haftende kommen in Betracht z.B. Angestellte, die für den Steuerpflichtigen tätig sind, sowie Steuerberater.

Haftung auch für **Arbeitgeber im Lohnsteuer-Abzugsverfahren.**

Haftung für verkürzte Steuern bedeutet Haftung für den durch die Hinterziehungshandlung verursachten Vermögensschaden des Fiskus.

(AO-Kommentar, Franz Klein, 7. Auflage, § 71 Rn 3, 11)

---

§ 147 AO   **Ordnungsvorschriften für die Aufbewahrung von Unterlagen**

(1) Die folgenden <u>Unterlagen</u> sind geordnet <u>aufzubewahren</u>:

1. Bücher und Aufzeichnungen, Inventare, Jahresabschlüsse, Lageberichte, die Eröffnungsbilanz sowie die zu ihrem Verständnis erforderlichen Arbeitsanweisungen und sonstigen Organisationsunterlagen.

2. die empfangenen Handels- oder Geschäftsbriefe,

3. Wiedergaben der abgesandten Handels- oder Geschäftsbriefe.

4. Buchungsbelege,

<u>**5. sonstige Unterlagen, soweit sie für die Besteuerung von Bedeutung sind.**</u>

...

<u>**Aufbewahrungspflicht**</u> ist Bestandteil der <u>**Buchführungspflicht**</u>. Nur wenn die Bücher und Unterlagen über einen gewissen Zeitraum aufbewahrt werden, können die Finanzämter deren formelle und sachliche Richtigkeit überprüfen.

<u>**Aufbewahrungsfrist**</u> beträgt für Bücher und Aufzeichnungen, Inventare, Bilanzen und Arbeitsunterlagen und aufgrund der Neufassung durch das StÄndG 1998 auch für Buchungsbelege <u>**10 Jahre**</u>. Andere Unterlagen sind <u>**6 Jahre**</u> aufzubewahren.

<u>**Folgen der Verletzung der Aufbewahrungsfrist**</u>. Die Buchführung ist nicht ordnungsgemäß. Finanzamt ist zur Schätzung nach § 162 AO berechtigt.

(AO-Kommentar, Franz Klein, 7. Auflage, § 147 Rn 1, 7, 10)

---

§ 162 AO   **Schätzung von Besteuerungsgrundlagen**

(1) Soweit die Finanzbehörde die Besteuerungsgrundlagen nicht ermitteln oder berechnen kann, hat sie sie zu schätzen. Dabei sind alle Umstände zu berücksichtigen, die für die Schätzung von Bedeutung sind.

(2) Zu schätzen ist insbesondere dann, wenn der Steuerpflichtige über seine Angaben keine ausreichenden Aufklärungen zu geben vermag oder weitere Auskunft oder eine Versicherung an Eides Statt verweigert oder seine Mitwirkungspflicht nach § 90 Abs. 2 verletzt. Das gleiche gilt, wenn der Steuerpflichtige Bücher oder Aufzeichnungen, die er nach den Steuergesetzen zu führen hat, nicht vorlegen kann oder wenn die Buchführung oder die Aufzeichnungen der Besteuerung nicht nach § 158 zugrunde gelegt werden.

(3) ...

> **§ 169 AO**   **Festsetzungsfrist**
>
> (1) Eine Steuerfestsetzung sowie ihre Aufhebung oder Änderung sind nicht mehr zulässig, wenn die Festsetzungsfrist abgelaufen ist.
>
> ...
>
> Die **Festsetzungsfrist** beträgt **10 Jahre**, soweit eine **Steuer hinterzogen**, und 5 Jahre, soweit sie leichtfertig verkürzt worden ist. Dies gilt auch dann, wenn die Steuerhinterziehung oder leichtfertige Steuerverkürzung nicht durch den Steuerschuldner oder eine Person begangen worden ist, deren er sich zur Erfüllung seiner steuerlichen Pflichten bedient, es sei denn, der Steuerschuldner weist nach, dass er durch die Tat keinen Vermögensvorteil erlangt hat und dass sie auch nicht darauf beruht, dass er die im Verkehr erforderlichen Vorkehrungen zur Verhinderung von Steuerverkürzungen unterlassen hat.

> **§ 170 AO**   **Beginn der Festsetzungsfrist**
>
> (1) Die Festsetzungsfrist beginnt mit Ablauf des Kalenderjahres, in dem die Steuer entstanden ist oder eine bedingt entstandene Steuer unbedingt geworden ist.
>
> (2) ...

> **§ 191 AO**   **Haftungsbescheide, Duldungsbescheide**
>
> (1) Wer kraft Gesetzes für eine Steuer haftet (Haftungsschuldner), kann durch Haftungsbescheid, wer kraft Gesetzes verpflichtet ist, die Vollstreckung zu dulden, kann durch Duldungsbescheid in Anspruch genommen werden.
>
> ...
>
> Die Bescheide sind schriftlich zu erteilen.
>
> (2) ...
>
> (5) Ein Haftungsbescheid kann nicht mehr ergehen,
>
> 1. soweit die Steuer gegen den Steuerschuldner nicht festgesetzt worden ist und wegen Ablauf der Festsetzungsfrist auch nicht mehr festgesetzt werden kann,
> 2. soweit die gegen den Steuerschuldner festgesetzte Steuer verjährt ist oder die Steuer erlassen worden ist.
>
> Dies gilt nicht, wenn die Haftung darauf beruht, dass der Haftungsschuldner **Steuerhinterziehung** oder Steuerhehlerei begangen hat.

Haftung. Wer kraft Gesetzes haftet, ergibt sich nicht aus § 191, sondern aus sonstigen steuergesetzlichen Bestimmungen, innerhalb der AO insbesondere aus **§§ 69 bis 76 AO**.

Das Vorliegen des Haftungstatbestandes ist **von Amts wegen aufzuklären**; die Finanzbehörde trägt die Feststellungslast. Der Haftungsschuldner hat jedoch eine Mitwirkungspflicht bei in seinem Wissensbereich fallenden Umständen.

(AO-Kommentar, Franz Klein, 7. Auflage, § 191 Rn 11, 18)

Die Ermessensentscheidung ist vorgeprägt beim Erlaß eines Haftungsbescheides gegen den **Steuerhinterzieher**; eine besondere Ermessensabwägung ist daher in diesem Fall nicht erforderlich.

Das gleiche gilt bei **vorsätzlicher Verletzung steuerlicher Pflichten**.

Nach der Rechtsprechung des BFH ist eine volle Inanspruchnahme bei vorsätzlichem Verhalten des Haftungsschuldners regelmäßig ermessensgerecht.

(AO-Kommentar, Franz Klein, 7. Auflage, § 191 Rn 43, 47)

Lohnsteuerhaftung. Bei Lohnsteuerhaftung ist grundsätzlich eine vorrangige Inanspruchnahme des Arbeitnehmers (StSchuldners) nicht geboten; denn der **Arbeitgeber** hat nach der Struktur des Lohnsteuer-Abzugsverfahren zumindest gleichrangig für die Lohnsteuer einzustehen.

Die **Haftungsinanspruchnahme** des **Arbeitgebers** ist grundsätzlich ermessensgerecht, wenn sie der Vereinfachung dient, weil eine Vielzahl kleinerer Lst-Beträge aufgrund eines im wesentlichen gleichliegenden Tatbestandes nachzuerheben ist.

Ebenso, wenn der **Arbeitgeber** die **Einbehaltung leichtfertig unterlassen hat**, etwa weil er sich über seine lohnsteuerlichen Pflichten nicht ausreichend unterrichtet hat.

Das Finanzamt kann den **Arbeitgeber als Haftenden** in Anspruch nehmen, wenn sich aufgrund einer Lohnsteueraußenprüfung bei vielen Arbeitnehmern meist kleine Lohnsteuer-Nachforderungsbeträge aufgrund von im wesentlichen gleichliegenden Sachverhalten ergeben oder wenn es um eine so hohe Zahl von Arbeitnehmern geht, dass dem Finanzamt die Aufgliederung der Beträge nicht mehr zumutbar ist.

(AO-Kommentar, Franz Klein, 7. Auflage, § 191 Rn 51, 54, 80)

---

§ 200 AO   **Mitwirkungspflichten des Steuerpflichtigen**

(1) Der **Steuerpflichtige** hat bei der **Feststellung der Sachverhalte, die für die Besteuerung erheblich sein können, mitzuwirken**. Er hat insbesondere Auskünfte zu erteilen, Aufzeichnungen, Bücher, Geschäftspapiere und **andere Urkunden zur Einsicht und Prüfung vorzulegen** und die zum Verständnis der Aufzeichnungen erforderlichen Erläuterungen zu geben. Sind der Steuerpflichtige oder die von ihm benannten Personen nicht in der Lage, Auskünfte zu erteilen, oder sind die Auskünfte zur Klärung des Sachverhalts unzureichend oder versprechen Auskünfte des Steuerpflichtigen keinen Erfolg, so kann der Außenprüfer auch andere Betriebsangehörige um Auskunft ersuchen. § 93 Abs. 2 Satz 2 und § 97 Abs. 2 gelten nicht.

(2) Die in Absatz 1 genannten Unterlagen hat der Steuerpflichtige in seinen Geschäftsräumen oder, soweit ein zur Durchführung der Außenprüfung geeigneter Geschäftsraum nicht vorhanden ist, in seinen Wohnräumen oder an Amtsstelle vorzulegen. Ein zur Durchführung der Außenprüfung geeigneter Raum oder Arbeitsplatz sowie die erforderlichen Hilfsmittel sind unentgeltlich zur Verfügung zu stellen.

(3) Die Außenprüfung findet während der üblichen Geschäfts- oder Arbeitszeit statt. Die Prüfer sind berechtigt, Grundstücke und Betriebsräume zu betreten und zu besichtigen. Bei der Betriebsbesichtigung soll der Betriebsinhaber oder sein Beauftragter hinzugezogen werden.

---

§ 235 AO   **Verzinsung von hinterzogenen Steuern**

(1) **Hinterzogene Steuern sind zu verzinsen.** Zinsschuldner ist derjenige, zu dessen Vorteil die Steuern hinterzogen worden sind. Wird die Steuerhinterziehung dadurch begangen, dass ein anderer als der Steuerschuldner **seine Verpflichtung, einbehaltene Steuern an die Finanzbehörde abzuführen** oder Steuern zu Lasten eines anderen zu entrichten, **nicht erfüllt**, so ist dieser **Zinsschuldner**.

(2) Der Zinslauf beginnt mit dem Eintritt der Verkürzung oder der Erlangung des Steuervorteils, es sei denn, dass die hinterzogenen Beträge ohne die Steuerhinterziehung erst später fällig geworden wären. In diesem Fall ist der spätere Zeitpunkt maßgebend.

(3) Der Zinslauf endet mit der Zahlung der hinterzogenen Steuern. Für eine Zeit, für die ein Säumniszuschlag verwirkt, die Zahlung gestundet oder die Vollziehung ausgesetzt ist, werden Zinsen nach dieser Vorschrift nicht aufgehoben. Wird der Steuerbescheid nach Ende des Zinslaufs aufgehoben, geändert oder nach § 129 berichtigt, so bleiben die bis dahin entstandenen Zinsen unberührt.

(4) Zinsen nach § 233 a, die für denselben Zeitraum festgesetzt wurden, sind anzurechnen.

Absatz 1 Satz 3 enthält für Steuerabzugsverpflichtete und diejenigen, die **verpflichtet sind, Steuer für** Rechnung eines **anderen zu entrichten** (vgl. **§§ 38 Abs. 3 Satz 1, 41 a Abs. 1 Nr. 2 EStG**), eine Sonderregelung mit Rücksicht darauf, dass in diesen Fällen **nicht der Steuerschuldner (z.B. Arbeitnehmer)**, sondern der Dritte in den Genuß des steuerlichen Vorteils der Hinterziehung gelangt ist.

> **§ 369 AO**   **Steuerstraftaten**
>
> (1) Steuerstraftaten (Zollstraftaten) sind:
>
> 1. Taten, die nach den Steuergesetzen strafbar sind,
> 2. der Bannbruch
> 3. die Wertzeichenfälschung und deren Vorbereitung, soweit die Tat Steuerzeichen betrifft,
> 4. die **Begünstigung einer Person**, die eine Tat nach den Nummern 1 bis 3 begangen hat.
>
> (2) **Für Steuerstraftaten** gelten die allgemeinen Gesetze über das **Strafrecht**, soweit die Strafvorschriften der Steuergesetze nichts anderes bestimmen.

Nach § 369 Abs. 1 Nr. 4 wird die in **§ 257 StGB** geregelte Begünstigung zur **Straftat** erlärt.

> **§ 257 StGB**   **Begünstigung**
>
> (1) Wer einem anderen, der eine rechtswidrige Tat begangen hat, in der Absicht Hilfe leistet, ihm die Vorteile der Tat zu sichern, wird mit Freiheitsstrafe bis zu 5 Jahren oder mit Geldstrafe bestraft.
>
> (2) ...

> **§ 370 AO**   **Steuerhinterziehung**
>
> (1) Mit Freiheitsstrafe bis zu 5 Jahren oder mit Geldstrafe wird bestraft, wer
>
> 1. den **Finanzbehörden** oder anderen Behörden über <u>steuerlich erhebliche Tatsachen unrichtige oder unvollständige Angaben macht,</u>
>
> 2. die Finanzbehörden pflichtwidrig über steuerlich erhebliche Tatsachen in Unkenntnis läßt oder
>
> 3. pflichtwidrig die Verwendung von Steuerzeichen oder Steuerstempeln unterläßt
>
> und **dadurch Steuern verkürzt** oder für sich oder einen anderen nicht gerechtfertigte Steuervorteile erlangt.
>
> (2) Der **Versuch ist strafbar.**
>
> (3) In besonders schweren Fällen ist die Strafe Freiheitsstrafe von 6 Monaten bis zu 10 Jahren. Ein besonders schwerer Fall liegt in der Regel vor, wenn der Täter
>
> 1. aus grobem Eigennutz in großem Ausmaß Steuern verkürzt oder nicht gerechtfertigte Steuervorteile erlangt,
>
> 2. seine Befugnisse oder seine Stellung als Amtsträger mißbraucht,
>
> 3. die Mithilfe eines Amtsträgers ausnutzt, der seine Befugnisse oder seine Stellung mißbraucht, oder
>
> 4. unter Verwendung nachgemachter oder verfälschter Belege fortgesetzt Steuern verkürzt oder nicht gerechtfertigte Steuervorteile erlangt.
>
> (4) <u>Steuern sind namentlich dann verkürzt</u>, wenn sie nicht, <u>nicht in voller Höhe</u> oder <u>nicht rechtzeitig festgesetzt werden</u>; dies gilt auch dann, wenn die Steuer vorläufig oder unter Vorbehalt der Nachprüfung festgesetzt wird oder eine Steueranmeldung einer Steuerfestsetzung unter Vorbehalt der Nachprüfung gleichsteht. Steuervorteile sind auch Steuervergütungen; nicht gerechtfertigte Steuervorteile sind erlangt, soweit sie zu Unrecht gewährt oder belassen werden. Die Voraussetzungen der Sätze 1 und 2 sind auch dann erfüllt, wenn die Steuer, auf die sich die Tat bezieht, aus anderen Gründen hätte ermäßigt oder der Steuervorteil aus anderen Gründen hätte beansprucht werden können.
>
> (5) ...

Täter einer Steuerhinterziehung kann jeder sein, der in der Lage ist, auf die Festsetzung, Erhebung und Vollstreckung der geschuldeten Steuer einzuwirken.

<u>Auch Beamte können Täter</u> einer Steuerhinterziehung sein, wenn sie im Rahmen ihrer Zuständigkeit handeln. Zumindest kann in der Duldung der Hinterziehung **Beihilfe** gesehen werden. Unter Umständen kann bei einem **Finanzbeamten** auch eine **Straftat** wegen <u>Untreue (§ 266 StGB)</u> vorliegen.

(AO-Kommentar, Franz Klein, 7. Auflage, § 370 Rn 18, 21)

Der **objektive Tatbestand des § 370 I Nr. 1 ist erfüllt**, wenn der Täter den Finanzbehörden oder anderen Behörden über **steuerlich erhebliche Tatsachen unrichtige** oder **unvollständige Angaben** macht.

Der Steuerpflichtige handelt pflichtwidrig, wenn er die Finanzbehörde daran hindert, die Umgehung zu erkennen.

Die Erklärungsverpflichtung besteht auch für den Gesamtrechtsnachfolger und die nach §§ **34** und **35 AO** für den Steuerpflichtigen handelnden Personen.

Der **Versuch** einer Steuerhinterziehung ist gem. **§ 370 II i.V.m. § 23 I StGB strafbar.**

Eine Straftat versucht, wer nah seiner Vorstellung von der Tat zur Verwirklichung eines Steuerstraftatbestands unmittelbar ansetzt (§ 22 StGB).

(AO-Kommentar, Franz Klein, 7. Auflage, § 370 Rn 25, 31, 41, 59)

§ 370 III AO sieht eine **Strafverschärfung für besonders schwere Fälle** vor.

Damit soll deutlich gemacht werden, dass die Steuerhinterziehung hinsichtlich ihrer Gefährlichkeit und ihrer Strafwürdigkeit **nicht geringer als der Betrug zu werten ist**; dies gilt insbesondere deswegen, weil die Grenzen zwischen Steuerhinterziehung und Betrug z.T. flüssig sind.

Verkürzung in großem Ausmaß wird regelmäßig erst bei **Hinterziehung** in **Millionenhöhe** anzunehmen sein.

(AO-Kommentar, Franz Klein, 7. Auflage, § 370 Rn 66, 68)

Steuerhinterziehung kann nur vorsätzlich begangen werden. **Vorsatz bedeutet** Wissen und Wollen der Tatbestandsmerkmale. Der Täter muß die nach Gegenstand, Zeit und Ort bestimmte Handlung zumindest in allen wesentlichen Beziehungen, wenn auch nicht in allen Einzelheiten der Ausführung, in seinen Vorstellungen und in seinen Willen aufgenommen haben. Der Täter muß das Bewußtsein haben, dass sein Verhalten steuerunehrlich ist und zu einer Beeinträchtigung des staatlichen Steueranspruchs führt, mit anderen Worten, er muß seine steuerliche Verpflichtung und den konkreten Steueranspruch des Staates kennen.

Zum Inhalt des Vorsatzes gehört, dass der Täter den nach Grund und Höhe bestimmten Steueranspruch kennt oder wenigstens für möglich hält und ihn auch verkürzen will.

Der Täter muß wissen, dass die **Angaben**, die er gemacht hat, **unrichtig** oder **unvollständig** sind und dass dadurch eine Steuerverkürzung eintreten kann. Diese Voraussetzungen und Folgen muß er wollen oder zumindest billigend in Kauf nehmen.

Zum Vorsatz der Steuerhinterziehung durch Unterlassen gehört Kenntnis derjenigen Tatsachen, welche die **Pflicht zur Aufklärung** der Finanzbehörde begründen.

(AO-Kommentar, Franz Klein, 7. Auflage, § 370 Rn 91, 92, 93)

---

§ 386 AO   **Zuständigkeit der Finanzbehörde bei Steuerstraftaten**

(1) Bei dem Verdacht einer Steuerstraftat **ermittelt die Finanzbehörde den Sachverhalt.** Finanzbehörde im Sinne dieses Abschnitts sind das Hauptzollamt, das Finanzamt, das Bundesamt für Finanzen und die Familienkasse.

(2) Die Finanzbehörde führt das Ermittlungsverfahren in den Grenzen des § 399 Abs. 1 AO und der §§ 400, 401 AO selbständig durch, wenn die Tat

1. ausschließlich eine Steuerstraftat darstellt oder

2. zugleich andere Strafgesetze verletzt und deren Verletzung Kirchensteuern oder andere öffentlich-rechtliche Abgaben betrifft, die an Besteuerungsgrundlagen, Steuermeßbeträge oder Steuerbeträge anknüpfen.

(3) Absatz 2 gilt nicht, sobald gegen einen Beschuldigten wegen der Tat ein Haftbefehl oder ein Unterbringungsbefehl erlassen ist.

(4) Die **Finanzbehörde** kann die Strafsache **jederzeit an die Staatsanwaltschaft abgeben**. Die **Staatsanwaltschaft** kann die **Strafsache jederzeit an sich ziehen**. In beiden Fällen kann die Staatsanwaltschaft im Einvernehmen mit der Finanzbehörde die Strafsache wieder an die Finanzbehörde abgeben.

---

§ 387 AO   Sachlich zuständige Finanzbehörde

(1) Sachlich zuständig ist die Finanzbehörde, welche die betroffene Steuer verwaltet.

(2) ...

---

§ 388 AO   Örtlich zuständige Finanzbehörde

(1) Örtlich zuständig ist die Finanzbehörde,

1. in deren Bezirk die Steuerstraftat begangen oder entdeckt worden ist,

2. die zur Zeit der Einleitung des Strafverfahrens für die Abgabenangelegenheit zuständig ist oder

3. in deren Bezirk der Beschuldigte zur Zeit der Einleitung des Strafverfahrens seinen Wohnsitz hat.

(2) ...

---

§ 390 AO   Mehrfache Zuständigkeit

(1) Sind nach den §§ 387 bis 389 mehrere Finanzbehörden zuständig, so gebührt der Vorzug der Finanzbehörde, die wegen der Tat zuerst ein Strafverfahren eingeleitet hat.

(2) Auf Ersuchen dieser Finanzbehörde hat eine andere zuständige Finanzbehörde die Strafsache zu übernehmen, wenn dies für die Ermittlungen sachdienlich erscheint. In Zweifelsfällen entscheidet die Behörde, der die ersuchte Finnzbehörde untersteht.

---

§ 391 AO   Zuständiges Gericht

(1) Ist das Amtsgericht sachlich zuständig, so ist örtlich zuständig das Amtsgericht, in dessen Bezirk das Landgericht seinen Sitz hat. Im vorbereitenden Verfahren gilt dies, unbeschadet einer weitergehenden Regelung nach § 58 Abs. 1 des GVG, nur für die Zustimmung des Gerichts nach § 153 Abs. 1 und § 153 a Abs. 1 der Strafprozessordnung.

(3) Strafsachen wegen Steuerstraftaten sollen beim Amtsgericht einer bestimmten Abteilung zugewiesen werden.

(4) ...

Entdeckt ist eine Steuerstraftat, wenn Anhaltspunkte vorliegen, die eine vorläufige Tatbewertung im Sinne der Wahrscheinlichkeit eines verurteilenden Ereignisses ermöglichen.
(AO-Kommentar, Franz Klein, 7. Auflage, § 388 Rn 3)

---

§ 78 StGB   Verjährungsfrist

(1) Die Verjährung schließt die Ahndung der Tat und die Anordnung von Maßnahmen (§ 11 Abs. 1 Nr. 8) aus. § 76 a Abs. 2 Satz 1 Nr. 1 bleibt unberührt.

(2) Verbrechen nach § 211 (Mord) verjähren nicht.

(3) Soweit die Verfolgung verjährt, **beträgt die Verjährungsfrist**

1. dreißig Jahre bei Taten, die mit lebenslanger Freiheitsstrafe bedroht sind,

2. zwanzig Jahre bei Taten, die im Höchstmaß mit Freiheitsstrafen von mehr als 10 Jahren bedroht sind,

3. **zehn Jahre bei Taten**, die im Höchstmaß mit Freiheitsstrafen von mehr als 5 Jahren bis zu 10 Jahren bedroht sind,

4. **fünf Jahre bei Taten**, die im Höchstmaß mit Freiheitsstrafen von mehr als 1 Jahr bis zu 5 Jahren bedroht sind,

5. drei Jahre bei den übrigen Taten.

(4) Die Frist richtet sich nach der Strafdrohung des Gesetzes, dessen Tatbestand die Tat verwirklicht, ohne Rücksicht auf Schärfungen oder Milderungen, die nach den Vorschriften des Allgemeinen Teils oder für besonders schwere oder minder schwere Fälle vorgesehen sind.

5. Vorsätzliche Steuerhinterziehung (§ 3 Nr. 9 EStG i.V.m. § 42 AO) bei der RWE Power AG (früher Rheinbraun AG), Stüttgenweg 2, 50935 Köln?

Bei der Rheinbraun AG wurde am 01.07.1993 das Ausscheiden mit Abfindungszahlungen eingeführt. Die Abfindung erhöhte sich nach ein paar Jahren von zunächst **15.000,-- DM** bis auf **80.000,-- DM**. Zusätzlich zu diesem Sockelbetrag wurde noch ein halbes Grundgehalt pro angefangenem Dienstjahr gezahlt. Somit zahlte das Unternehmen Rheinbraun für das Ausscheiden eines Mitarbeiters eine **Abfindung** von **über 100.000,-- DM**. (Siehe **Aushang** der Rheinbraun AG auf **Seite 17**)

Aus der Rheinbraun-Zeitschrift „Revier und Werk", Februar 2000, geht hervor, dass bis **Februar 2000** schon **1.500 Mitarbeiter** über die Abfindungsregelung **ausgeschieden sind**. Dies sagte der Personalleiter Herbert Esser.

Gruppenverwaltung Fabriken führte
Belegschaftsversammlung durch

Der Personalleiter Tarifmitarbeiter, Herbert Esser, sprach über die neue Abfindungsregelung bei Rheinbraun. Insgesamt seien bereits **über 1.500 Mitarbeiter** in den vergangenen Jahren **über eine Abfindungsregelung aus dem Unternehmen ausgeschieden**. Damit sei diese Maßnahme wichtig, um den nötigen Personalabbau sozialverträglich zu gestalten.

(Quelle: Rheinbraun-Zeitschrift „Revier und Werk", Februar 2000)

Im Jahre **1996** gaben die Personalleiter der Rheinbraun AG die **Anweisung**, dass die Sachbearbeiter der Personalabteilungen alle Akten der ausgeschiedenen Mitarbeiter kontrollieren sollten. Die Sachbearbeiter mußten alle

Zeugnisse

aus den Akten **entfernen**. Außerdem sollten sie die

Kündigungsschreiben

der ausgeschiedenen Mitarbeiter aus den Akten nehmen und **vernichten**.

Bei einer Überprüfung (Revision, Steuerfahndung) kann man somit den **Gestaltungsmißbrauch,** siehe Seite 18 und 19,

- ☞ Kündigungsschreiben des Mitarbeiters
- ☞ Aufhebungsvertrag des Unternehmens
- ☞ Zeugnis des Mitarbeiters,

gem. § 42 AO **nicht mehr feststellen**.

Siehe **Schreiben** des **Personalleiters Gottschalk** vom 15.08.2000 auf **Seite 33**.

Ihre Zeichen, Ihre Nachricht vom
15.07.2000

Unsere Zeichen, unsere Nachricht vom
PT 1 - Go/Re

Tel.: 0221/480-
22053

Köln, den
15.08.2000

Fax-Durchwahl
22272

Sehr geehrter Herr Kranz,

die zwei von Ihnen gestellten Fragen kann ich wie folgt beantworten:

2. Bei der Anweisung aus dem Jahre 1996, auf die Sie Bezug nehmen, ging es darum, nach Beendigung des Arbeitsverhältnisses aus den Personalakten irreführende Unterlagen, die weder vor Beendigung des Arbeitsverhältnisses und erst recht nicht danach irgendwelche rechtlichen Wirkungen entfaltet haben, entfernt werden sollten. Wie Ihnen möglicherweise noch aus Ihrer Tätigkeit in der Personalabteilung erinnerlich ist, haben zahlreiche Mitarbeiter, die sich an dem sozialverträglichen Personalabbau beteiligen wollten, ein schlichtes Schreiben eingereicht mit dem Text „Hiermit kündige ich mein Arbeitsverhältnis zum ....".

Ich vermag weder einen Gestaltungsmissbrauch bei der Ausstellung der Aufhebungsverträge zu erkennen noch einen Bedarf für irgendwelche Verschleierungen. Dementsprechend ist auch nicht erkennbar, was mit den entfernten Unterlagen hätte bewiesen werden sollen oder können.

Mit freundlichen Grüßen

Rheinbraun Aktiengesellschaft
Personalwesen PT

Dass die Mitarbeiter dem Finanzamt gegenüber auch absichtlich nicht die Wahrheit sagen, beweist das Verhalten der Mitarbeiter bei meinem Ausscheiden im Jahre 1997. Das **Finanzamt Aachen-Kreis** hat die Personalabteilung der Rheinbraun AG mit Schreiben vom **27.01.1998** um Übersendung **aller Unterlagen** gem. § 93 AO gebeten.

§ 93 AO	Auskunftspflicht der Beteiligten und anderer Personen

(1) Die Beteiligten und andere Personen haben der Finanzbehörde die zur Feststellung eines für die Besteuerung erheblichen Sachverhaltes erforderlichen Auskünfte zu erteilen. ...

(2) In dem Auskunftsersuchen ist anzugeben, worüber Auskünfte erteilt werden sollen und ob die Auskunft für die Besteuerung des Auskunftspflichtigen oder für die Besteuerung anderer Personen angefordert wird. Auskunftsersuchen haben auf Verlangen des Auskunftspflichtigen schriftlich zu ergehen.

(3) Die **Auskünfte sind <u>wahrheitsgemäß</u> nach bestem Wissen und Gewissen zu erteilen**. Auskunftspflichtige, die nicht aus dem Gedächtnis Auskunft geben können, haben Bücher, Aufzeichnungen, Geschäftspapiere und andere Urkunden, die ihnen zur Verfügung stehen, einzusehen und, soweit nötig, Aufzeichnungen daraus zu entnehmen.

(4) Der Auskunftspflichtige kann die Auskünfte schriftlich, mündlich oder fernmündlich erteilen. Die Finanzbehörde kann verlangen, dass der Auskunftspflichtige schriftlich Auskunft erteilt, wenn dies sachdienlich ist.

(5) ...

Der **gesamte Schriftverkeh**r sollte dem Finanzamt zugeschickt werden:

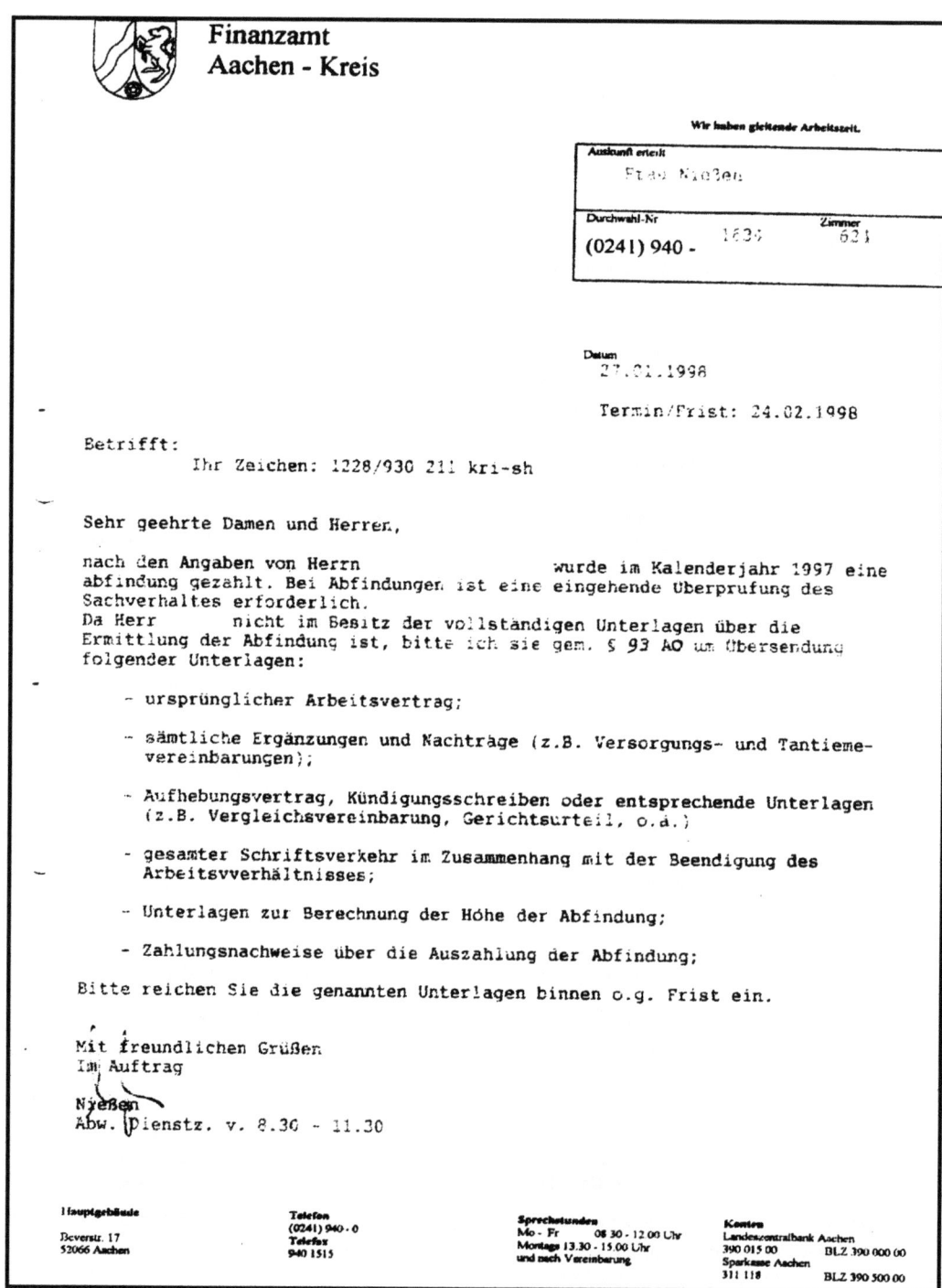

Die Personalabteilung der Rheinbraun AG hat dies aber absichtlich **nicht getan**. Mein **Kündigungs-schreiben** vom 05.10.1997 und mein **Zeugnis** vom 03.11.1997 hat die Personalabteilung dem Finanz-amt nicht zugeschickt. Nur die nachfolgend aufgeführten Unterlagen wurden dem Finanzamt zuge-schickt.

a) Aufhebungsvertrag
b) Arbeitsvertrag
c) letzte Gehaltsabrechnung
d) 2 Eingruppierungen

Und mit Schreiben vom **26.02.1998** hat die Personalabteilung Rheinbraun (Frau Müller) mich dann aufgefordert **dem Finanzamt keine weiteren Unterlagen zu übersenden**.

Von Abteilung: Gruppe Tagebaue
Personalabteilung

Ohne Anschreiben an:

H. Kranz

Betreff: _Schreiben vom Finanzamt von_

Beigefügtes Schriftstück wird übersandt: _27.01.98_

    ○ gemäß telefonischer Rücksprache

    ○ in Erledigung Ihres Schreibens vom

    ○ mit Dank zurück

mit der Bitte um

○ Kenntnisnahme   ○ Unterschrift

○ Prüfung und Stellungnahme   ○ zum Verbleib

○ Rücksprache am_____   ○ Gegenzeichnung

○ Vorschläge_____   ○ Anruf, App.:_____

○ Rückgabe _____   ○ weitere Veranlassung

Bemerkungen:

Beiliegende Unterlagen würden von uns ans Finanzamt geschickt. Bitte keine weiteren Unterlagen ohne vorherige Rücksprache mit uns ans Finanzamt übersenden

Datum _26.02.98_ Unterschrift _____

00955/01 – HD 11.95

Diese Vorgehensweise der Rheinbraun AG zeigt deutlich, dass sie dem Finanzamt absichtlich die Unterlagen nicht aushändigen. Sie machen dem Finanzamt gegenüber somit **absichtlich falsche Angaben** und verstoßen damit gegen die §§ 93, 42 AO, §§ 38, 42 d EStG.

Ich habe dem Finanzamt dann das Kündigungsschreiben und das Zeugnis zugeschickt. Mit Bescheid vom **09.11.2001** wollte dann das Finanzamt Aachen-Kreis von mir einen Betrag i.H.v. **6.395,41 DM (3.269,92 €)** als **Steuernachzahlung einschl. Zinsen** haben.

Das Finanzamt hat dann diesen Betrag auch am **17.12.2001** von meinem **Konto** bei der Citibank **eingezogen**. Siehe Kontoauszug auf der nächsten Seite.

Mit Bescheid vom **06.02.2004** hat das Finanzamt dann den Bescheid vom **09.11.2001** wieder korrigiert und der Betrag wurde mir wieder erstattet.

Das Verhalten des Finanzamtes zeigt deutlich, dass das Unternehmen Rheinbraun gegen § 3 Nr. 9 EStG verstößt. Bis heute hat aber das Finanzamt, die Steuerfahndung und die Staatsanwaltschaft kein Verfahren gegen die Rheinbraun AG eingeleitet. Die Justiz verzichtet somit absichtlich auf Steuereinnahmen in Millionenhöhe.

In meinem Fall sollten 6.395,41 DM (3.269,92 €) einschl. Zinsen nachgezahlt werden. Da die Abfindungen unterschiedlich sind, die hinterzogenen Steuern aber verzinst werden, kann man durchschnittlich mit einer **Steuernachzahlung** von **4.500,-- DM (2.300,81 €)** je Mitarbeiter rechnen. Da bis Februar 2000 schon **1.500 Mitarbeiter** eine Abfindung erhalten haben, ergibt sich folgende Berechnung:

> **1.500 Mitarbeiter   x   4.500,-- DM (2.300,81 €)   =   6.750.000,-- DM (3.451.215,-- €)**

Bis Februar 2000 hat das Unternehmen Rheinbraun dem Finanzamt somit ca.

6.750.000,-- DM   (3.451.215,-- €)

an Lohnsteuer vorenthalten.

Die Abfindungsregelung ging aber im Jahr 2000 noch weiter. Das Unternehmen Rheinbraun hat voraussichtlich dem Finanzamt bzw. dem Finanzminister Eichel bis heute einen **zweistelligen Millionenbetrag an Steuern vorenthalten**.

Aber nicht nur das Unternehmen Rheinbraun zahlt Abfindungen. Die RWE AG, Dresdner Bank AG, Deutsche Bank AG usw. zahlen auch Abfindungen an ihre ausgeschiedenen Mitarbeiter. Sie behaupten auch alle öffentlich, dass **sie keine Kündigungen vornehmen**. Somit werden die Abfindungen **auch bei anderen Unternehmen über Aufhebungsverträge** gezahlt.

Finanzämter und Steuerfahndung sollten dies im Sinne aller deutschen Steuerzahler bei allen Unternehmen in der BRD überprüfen. Mit Steuererhöhungen und gleichzeitiger Untätigkeit der Justiz, machen sich Politiker und Justizbeamte unglaubwürdig.

Vorteile haben nur die Vorstände und Aufsichtsräte in den Unternehmen (siehe Mannesmann in Düsseldorf). Denn sie erhöhen sich jedes Jahr ihre Gehälter, wie der nachfolgende Artikel der Aachener Zeitung zeigt.

Acht Prozent mehr für Manager

DAX-Vorstände bekommen im Schnitt **1,6 Millionen Euro**. Kritik an Konzernen.

FRANKFURT/MAIN. Die gestiegenen Gewinne der deutschen Großkonzerne machen sich auch bei den Gehältern der Chefetage bemerkbar: Die Vorstandsmitglieder der 30 Unternehmen im Deutschen Aktienindex (DAX) verdienten 2004 im Schnitt 1,6 Millionen Euro und damit acht Prozent mehr als im Vorjahr. Das ergab eine gestern in Frankfurt am Main vorgelegte Studie der Schutzvereinigung für Wertpapierbesitz (DSW). Obwohl längst internationaler Standard, machten viele Konzerne aus den Vorstandsgehältern und Bewertungsmaßstäben noch immer ein Geheimnis, kritisierten die Anlegerschützer. Immerhin aber veröffentlichen inzwischen 18 Gesellschaften und damit doppelt so viele wie im vergangenen Jahr die Gehälter ihrer Vorstände einzeln.

Wie schon 2003 zahlte die Deutsche Bank ihren Topmanagern im Schnitt mit gut drei Millionen Euro das höchste Gehalt. Auf den Rängen folgten der Energieversorger RWE und DaimlerChrysler. Die Lufthansa landete trotz eines deutlichen Plus von rund einem Drittel mit 851 000 Euro wieder am Ende der Rangliste hinter der Commerzbank. Anders als 2003 hätten dem Gehaltszuschlag diesmal überall höhere Gewinne zugrunde gelegen, so die Studie. Die Vorstandsvorsitzenden erhielten im Schnitt 2,6 Millionen Euro. Auch hier lag Deutsche-Bank-Chef Josef Ackermann mit 6,2 Millionen Euro Jahresgehalt – ohne seine Aktienoptionen – klar vorn.

Sein Kollege bei der Hypo-Vereinsbank verdiente nach einem Milliardenverlust seiner Bank mit 1,2 Millionen Euro am schlechtesten. (afp)

Je größer, desto besser verdient der **Chef**

▶ Im Vergleich zu den Großkonzernen nehmen sich die Gehälter der Geschäftsführer kleinerer Unternehmen bescheiden aus. Mit einem Plus von 3,2 Prozent verdienen sie in diesem Jahr im Schnitt 247 000 Euro, wie eine branchenübergreifende Studie der Unternehmensberatung Kienbaum unter 716 Geschäftsführern aus 418 Firmen ergab.

▶ Dabei steigt mit der Größe des Betriebes auch das Gehalt des Chefs. Während Geschäftsführer kleinerer Firmen mit bis zu 50 Mitarbeitern im Schnitt 173 000 Euro im Jahr verdienten, mache sich die Verantwortung für gut 5000 Beschäftigte mit 470 000 Euro bezahlt, so die Studie. (afp)

(Quelle: Aachener Zeitung, 21.09.2005)

Was Ackermann verdient

Deutsche-Bank-Boss erhielt 11,1 Millionen Euro

FRANKFURT. Der Vorstandssprecher der Deutschen Bank, Josef Ackermann, hat 2003 insgesamt 11,1 Millionen Euro verdient.

Das geht aus dem am Donnerstag veröffentlichten Geschäftsbericht hervor. Im Vorjahr hatte der Manager, der derzeit im Mannesmann-Prozess vor Gericht steht, 6,9 Millionen Euro erhalten. Das entspricht einer Gehaltserhöhung *von rund 60 Prozent*. Verdient hat sie sich Ackermann nach Angaben der Bank durch die höhere Eigenkapitalrendite sowie eine positive Entwicklung der Aktie im Vergleich zu Wettbewerbern.

Die Summe setzt sich zusammen aus einem festen Gehalt von 1,2 Millionen Euro, einem Bonus von 6,6 Millionen Euro, Aktienrechten im Wert von 2,7 Millionen Euro sowie Aktienoptionen über 0,6 Millionen Euro.

Im Mannesmann-Rechtsstreit wird dem Banker vorgeworfen, umstrittene Millionen-Prämien an Manager genehmigt zu haben. Ackermanns drei Vorstandskollegen mussten sich mit jeweils 5,2 Millionen Euro (2002: 3,3 Mio Euro) zufrieden geben.

Ackermanns Gehalt liegt deutlich über dem anderer deutscher Bankiers wie zum Beispiel Commerzbank-Chef Klaus-Peter Müller (1,4 Mio Euro), international betrachtet liegt er damit im Mittelfeld. Der 2003 als Chef der amerikanischen Citigroup abgetretene Sandy Weill erhielt für das Jahr 44,7 Millionen Dollar (36,9 Mio Euro).

In Deutschland hatte 2002 der Autokonzern DaimlerChrysler AG, Stuttgart das bestbezahlte Top-Management, die Deutsche Bank folgte damals auf Platz zwei.

Deutsche Aktionärsschützer fordern Unternehmen seit langem auf, ähnlich wie die Deutsche Bank detailliert die Bezüge offen zu legen. (dpa)

(Quelle: Aachener Zeitung, 26.03.2004)

6. Arglistige Täuschung (§ 123 BGB) durch Arbeitgeber bezgl. der steuerfreien Abfindung?

Bei der Vorgehensweise der Unternehmen ist fraglich, ob hier nicht eine vorsätzlich Täuschung vorliegt. Den Mitarbeitern wird nämlich gesagt, dass sie einen Teil der **Abfindung** gem. § 3 Nr. 9 EStG **steuerfrei** erhalten. Dies ist aber falsch, wie das Beispiel des Finanzamtes Aachen-Kreis gezeigt hat.

Die Mitarbeiter verlassen sich darauf, dass sie den Betrag steuerfrei erhalten. Und nachher erhalten sie vom Finanzamt eine Steuernachforderung. Hier liegt der Verdacht nahe, dass die Unternehmen absichtlich den Mitarbeitern nicht die Wahrheit sagen, weil sie ansonsten eine höhere Abfindung zahlen müßten. Denn die Gewerkschaften würden mit Sicherheit die Abfindungszahlungen um die Steuernachzahlung erhöhen.

Betroffene Mitarbeiter können unter diesen Bedingungen die Aufhebungsverträge auch nachher noch anfechten.

---

§ 123 BGB   **Anfechtbarkeit wegen Täuschung oder Drohung**

(1) Wer zur Abgabe einer Willenserklärung durch arglistige Täuschung oder widerrechtlich durch Drohung bestimmt worden ist, kann die Erklärung anfechten.

(2) Hat ein Dritter die Täuschung verübt, so ist eine Erklärung, die einem anderen gegenüber abzugeben war, nur dann anfechtbar, wenn dieser die Täuschung kannte oder kennen musste. Soweit ein anderer als derjenige, welchem gegenüber die Erklärung abzugeben war, aus der Erklärung unmittelbar ein Recht erworben hat, ist die Erklärung ihm gegenüber anfechtbar, wenn er die Täuschung kannte oder kennen musste.

---

§ 124 BGB   **Anfechtungsfrist**

(1) Die Anfechtung einer nach § 123 anfechtbaren Willenserklärung kann nur binnen Jahresfrist erfolgen.

(2) Die Frist beginnt im Falle der arglistigen Täuschung mit dem Zeitpunkt, in welchem der Anfechtungsberechtigte die Täuschung entdeckt, im Falle der Drohung mit dem Zeitpunkt, in welchem die Zwangslage aufhört. Auf den Lauf der Frist finden die für die Verjährung geltenden Vorschriften der §§ 206, 210 und 211 entsprechend Anwendung.

(3) Die Anfechtung ist ausgeschlossen, wenn seit der Abgabe der Willenserklärung 10 Jahre verstrichen sind.

---

7. Auswirkungen der Steuerhinterziehung(?) auf andere Unternehmen in der BRD

Nicht nur bei der Rheinbraun AG scheiden Mitarbeiter mit Abfindungen aus dem Unternehmen aus. Auch bei anderen Unternehmen werden solche Abfindungen gezahlt und somit Kündigungen umgangen. Nachfolgend werden ein paar Beispiele aufgeführt.

- Deutsche Bank AG

Aus dem **Finanzbericht 2004** der Deutschen Bank AG, Seite 9, geht hervor, dass sie im **Jahr 2004** insgesamt **282 Mio €** an **Abfindungszahlungen** geleistet haben.

- Commerzbank AG

Aus dem **Geschäftsbericht 2004** der Commerzbank AG, Seite 42, geht hervor, dass die Commerzbank im Geschäftsjahr weitere **700 Stellen** abbauen wollte. Dieses Ziel wurde – nahezu **ohne betriebsbedingte Kündigungen** – vollständig erreicht

- Dresdner Bank AG

Bei der Dresdner Bank sollen laut einem Zeitungsbericht bis Ende 2005 bis zu **4.700 Stellen** wegfallen. Hierbei sollen angeblich **Abfindungen** bis zu **133.000,-- €** gezahlt werden.

Bank-Mitarbeiter sollen sich ihre Abfindung ausrechnen!

Frankfurt/M. - Die Dresdner Bank hat ihre bundesweit 30 000 Mitarbeiter aufgefordert, sich die Höhe ihrer Abfindung auszurechnen!

Hintergrund: Die Bank möchte laut „FAZ" weiter Personal abbauen. Bis Ende 2005 sollten 4700 Stellen wegfallen.

Den Mitarbeitern wird auch bereits eine Faust-Formel für die Berechnung ihrer Ansprüche gegeben: Alter mal die Zahl der Dienstjahre geteilt durch 45. Das Ergebnis wird noch einmal mit dem Bruttogehalt pro Monat multipliziert. Ein 50-Jähriger, der mit 30 in Bank kam und 6000 Euro verdient, bekommt demnach rund 133 000 Euro Abfindung.

(Quelle: Bild-Zeitung, 12.02.2004)

- HypoVereinsbank AG

Auch bei der HypoVereinsbank sollen die Mitarbeiter über Aufhebungsverträge und Abfindungszahlungen das Unternehmen verlassen. Dies geht aus einem Bericht im Focus hervor. Demnach hat die HypoVereinsbank im **Jahre 2003** ihren Mitarbeitern ein Angebot gemacht, per Mausklick am PC einen **freiwilligen Aufhebungsvertrag zu beantragen**. Die Artikel sind auf der nachfolgenden Seite abgedruckt.

Kündigen per Mausklick

Die HypoVereinsbank will Mitarbeiter mit EDV-Unterstützung zur Aufgabe ihres Arbeitsplatzes bewegen. Die Angestellten der zweitgrößten deutschen Bank können sich an ihrem Computer ihre voraussichtliche Abfindung ausrechnen lassen.

Die Bank zahlt dieses finanzielle Trostpflaster, wenn Mitarbeiter einer freiwilligen Aufhebung ihres Arbeitsverhältnisses zum 30. Juni 2003 zustimmen. Auch die dazu nötigen Schritte – wie ein Termin mit der Personalabteilung – lassen sich per Mausklick erledigen. Nach Abschluss aller Eingaben warnt das Programm die Arbeitnehmer, „dass Sie Ihr Interesse an dem Abfindungsangebot nach Bestätigung der Speicher-Sendefunktion maschinell nicht mehr zurückziehen können".

Mitarbeiter der HypoVereinsbank können Aufhebungsverträge am PC anfordern

HypoVereinsbank: Zu viele Mitarbeiter möchten gehen

Die HypoVereinsbank hat ein neues Personalproblem: Auf ihr Angebot an die Mitarbeiter, per Mausklick am PC einen freiwilligen Aufhebungsvertrag zu beantragen (FOCUS 16/03), gingen 1300 Angestellte ein – 500 davon in München. Unter den Interessenten finden sich viele langjährige Banker, denen beim Abschied eine **stattliche Abfindung** zustünde, sowie überdurchschnittlich viele Vertriebsleute. „Würden sie alle zum Zuge kommen", sorgt sich nun der Gesamtbetriebsrat in einem internen Schreiben, „ergäbe das ernsthafte Probleme für die Bank." Die Geschäftsführung sieht dies offenbar ähnlich – und genehmigte in einem ersten Schritt nur etwa 20 Prozent der Wechselwilligen den Aufhebungsvertrag. Das Nachsehen haben Mitarbeiter, deren Führungskräfte nun von ihrem Trennungswunsch wissen, die aber nicht gehen dürfen.

Zu früh gefreut haben sich viele wechselwillige Bankangestellte

(Quelle: Focus, April 2003)

8. Kenntnis von der Steuerhinterziehung haben

a) Finanzminister Hans Eichel   (22.11.2001)

Alsdorf, den 29.10.2001

52477 Alsdorf

Einschreiben mit Rückschein
Dieser Brief darf nur durch den Adressaten
geöffnet werden (Art. 10 GG)

Bundesminister der Finanzen
-Hans Eichel-
Wilhelmstr. 97

10117 Berlin

Vorsätzliche Steuerhinterziehung gem. § 42 AO bei der Rheinbraun AG,
Stüttgenweg 2, 50935 Köln
Untätigkeit der Justiz in NRW
Steuerverlust in Milliardenhöhe

Sehr geehrter Herr Eichel,

am **03.11.2000** habe ich den **Leiter des Finanzamtes Aachen-Kreis**, Herrn Karl-Heinrich Strohe, von einer **vorsätzlichen Steuerhinterziehung** im Unternehmen Rheinbraun, Stüttgenweg 2, 50935 Köln in **Kenntnis gesetzt.** Bis heute hat Herr Karl-Heinrich Strohe in dieser Angelegenheit **nichts unternommen**, obwohl er rechtlich dafür zuständig ist (**siehe Anlage**).
Den **Leiter des Finanzamtes für Steuerstrafsachen und Steuerfahndung Köln**, Herrn Adam, habe ich dann ebenfalls am **06.03.2001** von dieser **vorsätzlichen Steuerhinterziehung** im Unternehmen Rheinbraun in **Kenntnis gesetzt**. Bis heute hat Herr Adam in dieser Angelegenheit auch **nichts unternommen**, obwohl er ebenfalls rechtlich dafür zuständig ist.
Ferner habe ich
die **Staatsanwaltschaft Aachen**,
die **Staatsanwaltschaft Köln** und
die **Generalstaatsanwaltschaft Köln**
von dieser vorsätzlichen Steuerhinterziehung informiert. Bis heute ist niemand tätig geworden. Durch diese **Untätigkeit in NRW** werden dem Finanzminister **Milliarden** an Steuern vorenthalten.

Die **Pflicht** zum Tätigwerden ergibt sich für die Finanzbeamten im Rahmen ihres Aufgabenbereichs. Gem. **§ 386 AO** soll die Finanzbehörde bei dem **Verdacht einer Steuerstraftat** den Sachverhalt ermitteln. Wer als **Amtsträger** zur **Mitwirkung** bei **Strafverfahren** berufen ist, macht sich nach § **258 a StGB** strafbar, wenn er pflichtwidrig eine notwendige **Verfolgungshandlung unterläßt** und deswegen die **Bestrafung** eines Rechtsbrechers **ausbleibt**. Ein Finanzbeamter, der **pflichtwidrig** Steuern **nicht erhebt**, begeht eine Steuerstraftat durch Unterlassen (§ 13 StGB).

-2-

Bereits im Jahre **1996** sind im Unternehmen Rheinbraun **Unterlagen entfernt** worden, die einen Hinweis darauf geben, dass die Mitarbeiter die entscheidenden Ursachen für die Auflösung des Arbeitsverhältnisses gegeben haben. Da schon über **1.500** Mitarbeiter in den vergangenen Jahren über die Abfindungsregelung ausgeschieden sind, besteht meines Erachtens eine **Verdunkelungsgefahr** (**§ 163 StPO**), durch die die Wahrheitsermittlung erschwert wird.

Für die **Glaubwürdigkeit** der **Finanzbeamten** und der **Justiz** in der BRD ist hier eine Aufklärung dringend notwendig. Ansonsten kommt der Verdacht auf, dass man in der BRD **die kleinen Diebe hängt und die großen Diebe laufen lässt.**

Ein Beamter hat gem. **§ 61 LBG** einen **Diensteid** zu leisten und gem. **§ 57 LBG** muß sein Verhalten innerhalb und außerhalb des Dienstes der **Achtung und dem Vertrauen** gerecht werden, die sein Beruf erfordert. Gem. **§ 59 LBG** trägt der Beamte für die **Rechtmäßigkeit** seiner dienstlichen Handlungen die **volle persönliche Verantwortung.** Wenn ein Beamter die ihm obliegenden Pflichten verletzt, begeht er ein Dienstvergehen (**§ 83 LBG**). Verletzt ein Beamter vorsätzlich oder grob fahrlässig die ihm obliegenden Pflichten, so hat er dem Dienstherrn, dessen Aufgaben er wahrgenommen hat, den daraus entstandenen Schaden zu ersetzen (**§ 84 LBG**).

Den zwischen mir und dem **Finanzamt Aachen-Kreis**, der **Steuerfahndung Köln**, der **Staatsanwaltschaft Aachen** und **Köln** und der **Generalstaatsanwaltschaft Köln** geführten Schriftverkehr habe ich als Anlage beigefügt.

Da alle Unternehmen in der BRD die Mitarbeiterzahl über Aufhebungsverträge reduzieren, kommt es bei diesem Gestaltungsmißbrauch zu einer **Steuerhinterziehung in Milliardenhöhe.** Hier stellt sich jetzt die Frage, warum unternimmt die Justiz in NRW nichts? Die hinterzogenen Steuern verbleiben in den Unternehmen und dienen nur zur Aufbesserung der Managergehälter. Neue Arbeitsplätze werden nicht geschaffen. Im Gegenteil, es werden auch weiterhin Arbeitsplätze abgebaut.

Da die Bürger in der gesamten BRD mit der Ökosteuer und im nächsten Jahr durch eine weitere Erhöhung der Tabak- und Versicherungssteuer wieder einmal zusätzlich belastet werden, bitte ich um eine Überprüfung des obigen Sachverhalts und schriftliche Stellungnahme bis zum

30.11.2001.

Mit freundlichen Grüßen

Kranz

59 Anlagen

Bundesministerium der Finanzen
Leitungsstab

Berlin, 22. November 2001

Telefon: 01 88 86 82 - 10 97
oder über Vermittlung (0 30) 22 42 - 0
Telefax: 01 88 86 82 37 65
X.400: c=de/a=bund400/p=bmf/s=poststelle

L-2001/0382594
(Geschäftszeichen bei Antwort bitte angeben)

Herrn

52477 Alsdorf

Sehr geehrter

vielen Dank für Ihr Schreiben vom 29. Oktober 2001 an den Herrn Bundesfinanzminister. Ich
bin gebeten worden, Ihnen zu antworten.

Ich möchte Ihre Aufmerksamkeit darauf lenken, dass die Durchführung der Steuergesetze in
der Bundesrepublik Deutschland eine Aufgabe der einzelnen Bundesländer ist. Der Bundesfinanzminister ist insoweit nicht befugt, Bundesländern oder deren nachgeordneten Behörden - hier den Finanzämtern - Weisungen zu erteilen. Darüber hinaus steht es dem Bundesfinanzminister nicht zu, die Vorgehensweisen der Landesfinanzbehörden zu kritisieren bzw.
zu kommentieren.

Vorgesetzte Dienststelle des Finanzamtes Aachen - Kreis ist die Oberfinanzdirektion Köln,
oberste Dienstbehörde das Finanzministerium des Landes Nordrhein-Westfalen in
Düsseldorf.

Auch die Justizbehörden unterstehen nicht der Aufsicht des Bundes. Sowohl die Staatsanwaltschaft Aachen als auch die Staatsanwaltschaft Köln und die Generalstaatsanwaltschaft
in Köln sind Landesbehörden und unterstehen damit dem Justizminister des Landes
Nordrhein-Westfalen.

Ich stelle Ihnen anheim, dass Sie sich mit Ihrer Angelegenheit an eine der vorgenannten
Dienststellen wenden.

Postanschrift 11018 Berlin   Weitere Dienstgebäude: Mauerstr. 69 - 75
Hauptgebäude: Wilhelmstr. 97, 10117 Berlin   Dienstsitz Bonn, Graurheindorfer Str. 108,
                                                                             Hessenstr. 32 und Ellerstr. 54 - 56
Eingang und Lieferanschrift: z.Z. Leipziger Straße 7   Bonn-Bad Godesberg, Langer Grabenweg 35

Seitens des Bundesfinanzministers besteht keine Möglichkeit in der Angelegenheit tätig zu
werden. Die Ihrem Schreiben beigefügten Unterlagen erhalten Sie zu meiner Entlastung an-
liegend zurück.

Mit freundlichen Grüßen

Im Auftrag

Schelenz

b) Justizministerin Prof. Dr. Herta Däubler-Gmelin   (13.12.2001)

Alsdorf, den 29.10.2001

52477 Alsdorf

Einschreiben mit Rückschein
Dieser Brief darf nur durch die Adressatin
geöffnet werden (Art. 10 GG)

Bundesministerin der Justiz
-Dr. Herta Däubler-Gmelin-
Jerusalemer Str. 24 - 28

10117 Berlin

Vorsätzliche Steuerhinterziehung gem. § 42 AO bei der Rheinbraun AG,
Stüttgenweg 2, 50935 Köln
Untätigkeit der Justiz in NRW
Steuerverlust in Milliardenhöhe

Sehr geehrte Frau Dr. Herta Däubler-Gmelin,

am **03.11.2000** habe ich den **Leiter des Finanzamtes Aachen-Kreis**, Herrn Karl-Heinrich Strohe,
von einer **vorsätzlichen Steuerhinterziehung** im Unternehmen Rheinbraun, Stüttgenweg 2, 50935
Köln in **Kenntnis gesetzt**. Bis heute hat Herr Karl-Heinrich Strohe in dieser Angelegenheit **nichts**
unternommen, obwohl er rechtlich dafür zuständig ist (**siehe Anlage**).
Den **Leiter des Finanzamtes für Steuerstrafsachen und Steuerfahndung Köln**, Herrn Adam, habe
ich dann ebenfalls am **06.03.2001** von dieser **vorsätzlichen Steuerhinterziehung** im Unternehmen
Rheinbraun in **Kenntnis gesetzt**. Bis heute hat Herr Adam in dieser Angelegenheit auch **nichts un-**
ternommen, obwohl er ebenfalls rechtlich dafür zuständig ist.
Ferner habe ich
die **Staatsanwaltschaft Aachen,**
die **Staatsanwaltschaft Köln** und
die **Generalstaatsanwaltschaft Köln**
von dieser vorsätzlichen Steuerhinterziehung informiert. Bis heute ist niemand tätig geworden. Durch
diese **Untätigkeit in NRW** werden dem Finanzminister **Milliarden** an Steuern vorenthalten.

Die **Pflicht** zum Tätigwerden ergibt sich für die Finanzbeamten im Rahmen ihres Aufgabenbereichs.
Gem. **§ 386 AO** soll die Finanzbehörde bei dem **Verdacht einer Steuerstraftat** den Sachverhalt
ermitteln. Wer als **Amtsträger zur Mitwirkung bei Strafverfahren** berufen ist, macht sich nach §
258 a StGB strafbar, wenn er pflichtwidrig eine notwendige **Verfolgungshandlung unterläßt** und
deswegen die **Bestrafung** eines Rechtsbrechers **ausbleibt**. Ein Finanzbeamter, der **pflichtwidrig**
Steuern **nicht erhebt**, begeht eine Steuerstraftat durch Unterlassen (§ 13 StGB).

-2-

Bereits im Jahre **1996** sind im Unternehmen Rheinbraun **Unterlagen entfernt** worden, die einen Hinweis darauf geben, dass die Mitarbeiter die entscheidenden Ursachen für die Auflösung des Arbeitsverhältnisses gegeben haben. Da schon über **1.500** Mitarbeiter in den vergangenen Jahren über die Abfindungsregelung ausgeschieden sind, besteht meines Erachtens eine **Verdunkelungsgefahr** (**§ 163 StPO**), durch die die Wahrheitsermittlung erschwert wird.

Für die **Glaubwürdigkeit** der **Finanzbeamten** und der **Justiz** in der BRD ist hier eine Aufklärung dringend notwendig. Ansonsten kommt der Verdacht auf, dass man in der BRD **die kleinen Diebe hängt und die großen Diebe laufen lässt.**

Ein Beamter hat gem. **§ 61 LBG** einen **Diensteid** zu leisten und gem. **§ 57 LBG** muß sein Verhalten innerhalb und außerhalb des Dienstes der **Achtung und dem Vertrauen** gerecht werden, die sein Beruf erfordert. Gem. **§ 59 LBG** trägt der Beamte für die **Rechtmäßigkeit** seiner dienstlichen Handlungen die **volle persönliche Verantwortung.** Wenn ein Beamter die ihm obliegenden Pflichten verletzt, begeht er ein Dienstvergehen (**§ 83 LBG**). Verletzt ein Beamter vorsätzlich oder grob fahrlässig die ihm obliegenden Pflichten, so hat er dem Dienstherrn, dessen Aufgaben er wahrgenommen hat, den daraus entstandenen Schaden zu ersetzen (**§ 84 LBG**).

Den zwischen mir und dem **Finanzamt Aachen-Kreis**, der **Steuerfahndung Köln**, der **Staatsanwaltschaft Aachen** und **Köln** und der **Generalstaatsanwaltschaft Köln** geführten Schriftverkehr habe ich als Anlage beigefügt.

Da alle Unternehmen in der BRD die Mitarbeiterzahl über Aufhebungsverträge reduzieren, kommt es bei diesem Gestaltungsmißbrauch zu einer **Steuerhinterziehung in Milliardenhöhe.** Hier stellt sich jetzt die Frage, warum unternimmt die Justiz in NRW nichts? Die hinterzogenen Steuern verbleiben in den Unternehmen und dienen nur zur Aufbesserung der Managergehälter. Neue Arbeitsplätze werden nicht geschaffen. Im Gegenteil, es werden auch weiterhin Arbeitsplätze abgebaut.

Da die Bürger in der gesamten BRD mit der Ökosteuer und im nächsten Jahr durch eine weitere Erhöhung der Tabak- und Versicherungssteuer wieder einmal zusätzlich belastet werden, bitte ich um eine Überprüfung des obigen Sachverhalts und schriftliche Stellungnahme bis zum

30.11.2001.

Mit freundlichen Grüßen

Kronz

59 Anlagen

Bundesministerium der Justiz

Berlin, den 13. Dezember 2001

Postanschrift:
Bundesministerium der Justiz, 11015 Berlin
Haus- und Lieferanschrift:
Mohrenstraße 37, 10117 Berlin
Telefon: 0 18 88 5 80 - 0
                (0 30) 20 25 - 70
bei Durchwahl: 0 18 88 5 80 - 92 44
                (0 30) 20 25 - 92 44
Telefax: 0 18 88 5 80 - 95 25
                (0 30) 20 25 - 95 25

Geschäftszeichen: II A 3 – 5521 II - 23 1268/2001
(bei Antwort bitte angeben)

Herrn

52477 Alsdorf

Betr.:   Steuerstrafrecht und Strafvereitelung;

hier: Ihr Schreiben vom 29.10.2001 an Frau Bundesministerin der Justiz Prof. Dr. Herta
          Däubler-Gmelin

Sehr geehrter Herr Kranz,

vielen Dank für Ihr o. a. Schreiben, das ich mit Interesse zur Kenntnis genommen habe und
das auch Frau Ministerin vorgelegen hat. Frau Ministerin hat mich darum gebeten, mit Ihnen
telefonisch Kontakt aufzunehmen, was jedoch nicht möglich war, nachdem ich Ihre Telefon-
nummer nicht feststellen konnte. Aus diesem Grund möchte ich Ihnen nunmehr schriftlich
Folgendes mitteilen:

Leider ist es mir verwehrt, zu den von Ihnen geschilderten Verfahren Stellung zu nehmen, da
es sich, soweit Sie das staatsanwaltliche Verfahren beanstanden, nach der bundesstaatlichen
Ordnung um eine Angelegenheit der Landesjustiz handelt. Zum anderen ist das Bundesministerium der Justiz auch nicht befugt, einzelne steuerrechtliche bzw. steuerstrafrechtliche
Vorgänge zu bewerten, da innerhalb der Bundesregierung für das Steuerrecht, einschließlich
des Steuerstrafrechts, das Bundesministerium der Finanzen federführend zuständig ist. Er-
gänzend möchte ich Sie auch darauf hinweisen, dass dem Bundesministerium der Justiz auch
nicht die Dienst- oder Fachaufsicht über die Behörden der Landesjustiz oder der Finanzverwaltung zusteht.

In Ihrem unterstellten Einverständnis habe ich jedoch Ihr o. a. Schreiben an das Justizministerium in Düsseldorf übermittelt und das Bundesministerium der Finanzen über den Vorgang
nachrichtlich in Kenntnis gesetzt.

Mit freundlichen Grüßen

Im Auftrag

Burger

Beglaubigt

Regierungsangestellte

46

c) Ministerpräsident (NRW) Wolfgang Clement   (31.01.2002)

Alsdorf, den 22.01.2002

52477 Alsdorf

Einschreiben mit Rückschein
Dieser Brief darf nur durch den Adressaten
geöffnet werden (Art. 10 GG)

Ministerpräsident des Landes NRW
-Wolfgang Clement-
Haroldstr. 2

40213 Düsseldorf

Vorsätzliche Steuerhinterziehung gem. § 42 AO bei der Rheinbraun AG,
Stüttgenweg 2, 50935 Köln
Untätigkeit der Justiz in NRW
Steuerverlust in Milliardenhöhe

Sehr geehrter Herr Clement,

am **03.11.2000** habe ich den **Leiter des Finanzamtes Aachen-Kreis**, Herrn Karl-Heinrich Strohe,
von einer **vorsätzlichen Steuerhinterziehung** im Unternehmen Rheinbraun, Stüttgenweg 2, 50935
Köln in **Kenntnis gesetzt**. Bis heute hat Herr Karl-Heinrich Strohe in dieser Angelegenheit **nichts
unternommen**, obwohl er rechtlich dafür zuständig ist (**siehe Anlage**).
Den Leiter des Finanzamtes für Steuerstrafsachen und Steuerfahndung Köln, Herrn Adam, habe
ich dann ebenfalls am **06.03.2001** von dieser **vorsätzlichen Steuerhinterziehung** im Unternehmen
Rheinbraun in **Kenntnis gesetzt**. Bis heute hat Herr Adam in dieser Angelegenheit auch **nichts unternommen**, obwohl er ebenfalls rechtlich dafür zuständig ist.
Ferner habe ich
die **Staatsanwaltschaft Aachen**,
die **Staatsanwaltschaft Köln** und
die **Generalstaatsanwaltschaft Köln**
von dieser vorsätzlichen Steuerhinterziehung informiert. Bis heute ist niemand tätig geworden. Durch
diese **Untätigkeit in NRW** werden dem Finanzminister **Milliarden** an Steuern vorenthalten.

Die **Pflicht** zum Tätigwerden ergibt sich für die Finanzbeamten im Rahmen ihres Aufgabenbereichs.
Gem. **§ 386 AO** soll die Finanzbehörde bei dem **Verdacht einer Steuerstraftat** den Sachverhalt
ermitteln. Wer als **Amtsträger** zur Mitwirkung bei Strafverfahren berufen ist, macht sich nach **§
258 a StGB** strafbar, wenn er pflichtwidrig eine notwendige **Verfolgungshandlung unterläßt** und
deswegen die **Bestrafung eines Rechtsbrechers ausbleibt**. Ein Finanzbeamter, der **pflichtwidrig
Steuern nicht erhebt**, begeht eine Steuerstraftat durch Unterlassen (**§ 13 StGB**).

-2-

Bereits im Jahre **1996** sind im Unternehmen Rheinbraun **Unterlagen entfernt** worden, die einen Hinweis darauf geben, dass die Mitarbeiter die entscheidenden Ursachen für die Auflösung des Arbeitsverhältnisses gegeben haben. Da schon über **1.500** Mitarbeiter in den vergangenen Jahren über die Abfindungsregelung ausgeschieden sind, besteht meines Erachtens eine **Verdunkelungsgefahr** (§ 163 StPO), durch die die Wahrheitsermittlung erschwert wird.

Für die **Glaubwürdigkeit** der **Finanzbeamten** und der **Justiz** in der BRD ist hier eine Aufklärung dringend notwendig. Ansonsten kommt der Verdacht auf, dass man in der BRD **die kleinen Diebe hängt und die großen Diebe laufen lässt.**

Ein Beamter hat gem. § 61 LBG einen **Diensteid** zu leisten und gem. § 57 LBG muß sein Verhalten innerhalb und außerhalb des Dienstes der **Achtung und dem Vertrauen** gerecht werden, die sein Beruf erfordert. Gem. § 59 LBG trägt der Beamte für die **Rechtmäßigkeit** seiner dienstlichen Handlungen die **volle persönliche Verantwortung.** Wenn ein Beamter die ihm obliegenden Pflichten verletzt, begeht er ein Dienstvergehen (§ 83 LBG). Verletzt ein Beamter vorsätzlich oder grob fahrlässig die ihm obliegenden Pflichten, so hat er dem Dienstherrn, dessen Aufgaben er wahrgenommen hat, den daraus entstandenen Schaden zu ersetzen. (§ 84 LBG).

Den zwischen mir und dem **Finanzamt Aachen-Kreis,** der **Steuerfahndung Köln,** der **Staatsanwaltschaft Aachen** und **Köln** und der **Generalstaatsanwaltschaft Köln** geführten Schriftverkehr habe ich als Anlage beigefügt.

Da alle Unternehmen in der BRD die Mitarbeiterzahl über Aufhebungsverträge reduzieren, kommt es bei diesem Gestaltungsmißbrauch zu einer **Steuerhinterziehung in Milliardenhöhe.** Hier stellt sich jetzt die Frage, warum unternimmt die Justiz in NRW nichts? Die hinterzogenen Steuern verbleiben in den Unternehmen und dienen nur zur Aufbesserung der Managergehälter. Neue Arbeitsplätze werden nicht geschaffen. Im Gegenteil, es werden auch weiterhin Arbeitsplätze abgebaut.
Ferner muß das Land **NRW** als Folge der Steuerreform den Unternehmen **Körperschaftssteuer in Milliardenhöhe zurückzahlen.**

Da die Bürger in der gesamten BRD mit der Ökosteuer und der Erhöhung der Tabak- und Versicherungssteuer wieder einmal zusätzlich belastet werden, bitte ich um eine Überprüfung des obigen Sachverhalts und schriftliche Stellungnahme.

Vorab bitte ich um eine schriftliche Bestätigung des Eingangs meines Schreibens.

Mit freundlichen Grüßen

Kranz

60 Anlagen

Der Chef der Staatskanzlei des Landes Nordrhein-Westfalen

Postanschrift: Staatskanzlei NRW · 40190 Düsseldorf

Herrn

52477 Alsdorf

Dienstgebäude und Lieferanschrift:
Stadttor 1, 40219 Düsseldorf

Telefon	(0211) 837-01
Durchwahl	(0211) 837-1428
Telefax	(0211) 837-1150
Durchwahl	(0211) 837-1449

e-mail: markus.korbmacher@stk.nrw.de

Datum   31. Januar 2002

Aktenzeichen (bei Antworten bitte angeben)
II.4

Sehr geehrter Herr Kranz,

im Auftrag von Herrn Ministerpräsident Clement danke ich Ihnen für Ihren Brief vom 22. Januar 2002, betreffend die steuerliche Behandlung von Abfindungen durch die Firma Rheinbraun AG.

Für die Prüfung der steuerrechtlichen Fragen ist das Finanzministerium, für die strafrechtliche Seite das Justizministerium des Landes Nordrhein-Westfalen fachlich zuständig.

Ich habe Ihren Brief an beide Ministerien weitergeleitet.

Mit freundlichen Grüßen
Im Auftrag

Korbmacher

d) Petitionsausschuss NRW, Barbara Wischermann (28.11.2001)

Alsdorf, den 02.11.2001

~~52477 Alsdorf~~

Einschreiben mit Rückschein

An den **Petitionsausschuß**
im Deutschen Bundestag
-Vorsitzende Heidemarie Lüth-
Platz der Republik

11011 Berlin

**Vorsätzliche Steuerhinterziehung gem. § 42 AO bei der Rheinbraun AG,
Stüttgenweg 2, 50935 Köln
Untätigkeit der Justiz in NRW
Steuerverlust in Milliardenhöhe**

Sehr geehrte Damen und Herren,

am **03.11.2000** habe ich den **Leiter des Finanzamtes Aachen-Kreis**, Herrn Karl-Heinrich Strohe,
von einer **vorsätzlichen Steuerhinterziehung** im Unternehmen Rheinbraun, Stüttgenweg 2, 50935
Köln in **Kenntnis gesetzt**. Bis heute hat Herr Karl-Heinrich Strohe in dieser Angelegenheit **nichts
unternommen**, obwohl er rechtlich dafür zuständig ist (**siehe Anlage**).
Den **Leiter des Finanzamtes für Steuerstrafsachen und Steuerfahndung Köln**, Herrn Adam, habe
ich dann ebenfalls am **06.03.2001** von dieser **vorsätzlichen Steuerhinterziehung** im Unternehmen
Rheinbraun in **Kenntnis gesetzt**. Bis heute hat Herr Adam in dieser Angelegenheit auch **nichts unternommen**, obwohl er ebenfalls rechtlich dafür zuständig ist.
Ferner habe ich
die **Staatsanwaltschaft Aachen**,
die **Staatsanwaltschaft Köln** und
die **Generalstaatsanwaltschaft Köln**
von dieser vorsätzlichen Steuerhinterziehung informiert. Bis heute ist niemand tätig geworden. Durch
diese **Untätigkeit in NRW** werden dem Finanzminister **Milliarden** an Steuern vorenthalten.

Die **Pflicht** zum Tätigwerden ergibt sich für die Finanzbeamten im Rahmen ihres Aufgabenbereichs.
Gem. **§ 386 AO** soll die Finanzbehörde bei dem **Verdacht einer Steuerstraftat** den Sachverhalt
ermitteln. Wer als **Amtsträger** zur Mitwirkung bei Strafverfahren berufen ist, macht sich nach **§
258 a StGB** strafbar, wenn er pflichtwidrig eine notwendige **Verfolgungshandlung unterläßt** und
deswegen die **Bestrafung** eines Rechtsbrechers **ausbleibt**. Ein Finanzbeamter, der **pflichtwidrig**
Steuern **nicht erhebt**, begeht eine Steuerstraftat durch Unterlassen (**§ 13 StGB**).

-2-

Bereits im Jahre **1996** sind im Unternehmen Rheinbraun **Unterlagen entfernt** worden, die einen Hinweis darauf geben, dass die Mitarbeiter die entscheidenden Ursachen für die Auflösung des Arbeitsverhältnisses gegeben haben. Da schon über **1.500** Mitarbeiter in den vergangenen Jahren über die Abfindungsregelung ausgeschieden sind, besteht meines Erachtens eine **Verdunkelungsgefahr** (**§ 163 StPO**), durch die die Wahrheitsermittlung erschwert wird.

Für die **Glaubwürdigkeit der Finanzbeamten** und der **Justiz** in der BRD ist hier eine Aufklärung dringend notwendig. Ansonsten kommt der Verdacht auf, dass man in der BRD **die kleinen Diebe hängt und die großen Diebe laufen lässt.**

Ein Beamter hat gem. **§ 61 LBG** einen **Diensteid** zu leisten und gem. **§ 57 LBG** muß sein Verhalten innerhalb und außerhalb des Dienstes der **Achtung und dem Vertrauen** gerecht werden, die sein Beruf erfordert. Gem. **§ 59 LBG** trägt der Beamte für die **Rechtmäßigkeit** seiner dienstlichen Handlungen die **volle persönliche Verantwortung.** Wenn ein Beamter die ihm obliegenden Pflichten verletzt, begeht er ein Dienstvergehen (**§ 83 LBG**). Verletzt ein Beamter vorsätzlich oder grob fahrlässig die ihm obliegenden Pflichten, so hat er dem Dienstherrn, dessen Aufgaben er wahrgenommen hat, den daraus entstandenen Schaden zu ersetzen **(§ 84 LBG)**.

Den zwischen mir und dem **Finanzamt Aachen-Kreis**, der **Steuerfahndung Köln**, der **Staatsanwaltschaft Aachen** und **Köln** und der **Generalstaatsanwaltschaft Köln** geführten Schriftverkehr habe ich als Anlage beigefügt.

Da alle Unternehmen in der BRD die Mitarbeiterzahl über Aufhebungsverträge reduzieren, kommt es bei diesem Gestaltungsmißbrauch zu einer **Steuerhinterziehung in Milliardenhöhe.** Hier stellt sich jetzt die Frage, warum unternimmt die Justiz in NRW nichts? Die hinterzogenen Steuern verbleiben in den Unternehmen und dienen nur zur Aufbesserung der Managergehälter. Neue Arbeitsplätze werden nicht geschaffen. Im Gegenteil, es werden auch weiterhin Arbeitsplätze abgebaut.

Da die Bürger in der gesamten BRD mit der Ökosteuer und im nächsten Jahr durch eine weitere Erhöhung der Tabak- und Versicherungssteuer wieder einmal zusätzlich belastet werden, bitte ich um eine **Überprüfung des obigen Sachverhalts** und **schriftliche Stellungnahme.**
Sollten sie hierfür länger als **14 Tage** benötigen, bitte ich vorab um eine **schriftliche Bestätigung** des Eingangs meines Schreibens.

Mit freundlichen Grüßen

Kranz

59 Anlagen

DEUTSCHER BUNDESTAG
Petitionsausschuss

11011 Berlin, 21.11.2001
Platz der Republik 1

Pet 2-14-08-2003-041454
(Bitte bei allen Zuschriften angeben)

Fernruf (030) 227-35063
Telefax (030) 227-36130

Herrn

<u>Betr.:</u> Beschwerden über Landesbehörden
<u>Bezug:</u> Ihr Schreiben vom 02.11.2001

Sehr geehrter Herr Kranz,

die Vorsitzende des Petitionsausschusses des Deutschen Bundestages, Heidemarie Lüth, dankt Ihnen für Ihr Schreiben.

Die Prüfung Ihrer Eingabe hat ergeben, dass ihre Behandlung wegen der verfassungsmäßigen Aufgabenverteilung zwischen Bund und Ländern nicht dem Deutschen Bundestag, sondern dem zuständigen Landesparlament obliegt. Die Anschrift lautet:

>
> Landtag Nordrhein-Westfalen
> Petitionsausschuss
> Platz des Landtages
>
> 40221 Düsseldorf

Ich habe deshalb, Ihr Einverständnis voraussetzend, Ihre Eingabe dorthin übersandt und bitte, weitere Zuschriften in dieser Angelegenheit unmittelbar dorthin zu richten.

Zur Erhöhung der Tabak- und Versicherungsteuer liegen hier bereits mehrere Eingaben vor. Dazu erhalten Sie aus organisatorischen Gründen unter einem anderen Aktenzeichen Nachricht, sobald das Petitionsverfahren abgeschlossen ist.

Mit freundlichen Grüßen
Im Auftrag

Schlüter

(Frau Schlüter)

DER PRÄSIDENT
DES LANDTAGS
NORDRHEIN-WESTFALEN

Der Präsident des Landtags NRW   Postfach 10 11 43   40002 Düsseldorf

Herrn

⌐ᴗᴗ⌐ .

Telefonzentrale: (02 11) 88 4 - 0
Durchwahl: **2522**

Auskunft erteilt: **Herr Baumann**

Geschäftszeichen: I.3

Düsseldorf,   25.04.2002

Betr.:   - I.3 - Pet.- Nr. 13/05352
Ihre Eingabe vom 02.11.2001, eingegangen am 23.11.2001

Abgabenordnung

Sehr geehrter Herr Kranz,

der Petitionsausschuss hat in seiner Sitzung vom 09.04.2002 Ihr Vorbringen beraten und hierüber folgenden Beschluss gefasst:

     Der Petitionsausschuss hat sich über den mit der Petition angesprochenen Sachverhalt unterrichtet.

     Es besteht kein Anlass, der Landesregierung (Finanzministerium, Justizministerium) Maßnahmen zu empfehlen.

Die Bearbeitung Ihrer Petition hat längere Zeit in Anspruch genommen. Bei der großen Zahl von Bitten und Beschwerden ließ sich die Verzögerung leider nicht vermeiden.

Mit freundlichen Grüßen
Im Auftrag

Kiwitt

Alsdorf, den 29.04.2002

Einschreiben
Dieser Brief darf nur durch die Adressatin
geöffnet werden (Art. 10 GG)

An die Vorsitzende
des Petitionsausschusses
-Barbara Wischermann-
Platz des Landtags 1

40221 Düsseldorf

Vorsätzliche Steuerhinterziehung gem. § 42 AO bei der Rheinbraun AG,
Stüttgenweg 2, 50935 Köln
Vorsätzliche Untätigkeit der Justiz in NRW
Verluste für die Gemeinden in NRW gem. Art. 106 Abs. 5 GG
Pet.-Nr. 13/05352

Ihr Schreiben vom 25.04.2002
Geschäftszeichen: I.3

Sehr geehrte Frau Wischermann,

mit Schreiben vom 25.04.2002 hat man mir mitgeteilt, dass sie bei der vorsätzlichen Steuerhinterziehung absichtlich nichts unternehmen werden.

Ich mache sie nochmals darauf aufmerksam, dass auch sie mit ihrer absichtlichen Untätigkeit die Gemeinden und die Bürger in NRW schädigen. Sie sind von den Bürgern gewählt worden und haben sich somit auch für die Bürger einzusetzen.
Hier stellt sich jetzt die Frage, warum unterstützen sie die absichtliche Untätigkeit der gesamten Justiz in NRW?
Werden sie für ihre Untätigkeit von der Rot-Grünen Landesregierung mit Spenden belohnt?

Da sie der CDU angehören, finde ich ihr Verhalten äußerst merkwürdig. Im Hinblick auf die Bundestagswahl im September sollten gerade sie, Frau Barbara Wischermann, ein Interesse an der Verfolgung dieser Straftat haben.

Aus diesem Grund bitte ich sie, Frau Barbara Wischermann, um eine schriftliche Stellungnahme zu der vorsätzlichen Untätigkeit der Justiz und der Landesregierung.

Mit freundlichen Grüßen

Kranz

54

**LANDTAG
NORDRHEIN-WESTFALEN**

Barbara Wischermann

MdL
Vorsitzende
des Petitionsausschusses

40002 Düsseldorf, den *14*. Mai 2002
Postfach 10 11 43
40221 Düsseldorf, Platz des Landtags 1
Telefon 0211- 88 40 Durchwahl 884 - 2686

Herrn

**Petition vom 02.11.2001 - 13/05352 -
Ihr weiteres Schreiben vom 29.04.2002,
eingegangen am 06.05.2002**

Sehr geehrter Herr Kranz,

nach einheitlicher Meinung in Rechtsprechung und Literatur hat ein Petent im Petitionsverfahren nur einen Anspruch auf Entgegennahme, Überprüfung und Bescheidung der Petition. Diese Rechte sind Ihnen gewährt worden.

Ihre Schlussfolgerung, dass der Petitionsausschuss in Ihrer Angelegenheit absichtlich nichts unternehmen wird, ist mir völlig unverständlich. Aus dem Beschluss des Petitionsausschusses vom 09.04.2002, der Ihnen mit Schreiben vom 25.04.2002 bekanntgegeben worden ist, geht lediglich hervor, dass sich der Petitionsausschuss über den mit der Petition angesprochenen Sachverhalt unterrichtet hat, aber leider keine Möglichkeit sieht, Ihnen bei der Durchsetzung Ihres Anliegens behilflich zu sein.

Darüber hinausgehende Rechte haben Sie nicht, insbesondere können Sie nicht verlangen, dass der Petitionsausschuss in einer von Ihnen gewünschten Art und Weise verfährt.

Ich bitte daher um Ihr Verständnis, dass ich nichts weiter für Sie veranlassen kann.

Mit freundlichen Grüßen

(Barbara Wischermann)

9. Untätigkeit (§§ 27, 257, 258, 258a, 339 StGB) der zuständigen Behörden

a) Finanzamt Aachen-Kreis

03.11.2000

Einschreiben mit Rückschein

An den
Leiter des Finanzamtes Aachen Kreis
Herrn Karl-Heinrich Strohe
Beverstr. 17

52066 Aachen

☐☐☐☐☐☐☐☐☐

Ihre Schreiben vom 26.04.1999, 07.01.2000 und 12.04.2000
Mein Schreiben vom 09.05.2000
Steuerhinterziehung ?

Sehr geehrter Herr Strohe,

zu den oben näher bezeichneten Schreiben möchte ich ihnen folgendes mitteilen.
Mit Schreiben vom **05.10.1997** bat ich um die Beendigung des Arbeitsverhältnisses mit der Rheinbraun AG zum **31.10.1997** und um ein **qualifiziertes Zeugnis**. Mit Datum 06.10.1997 wurde dann ein **Aufhebungsvertrag** ausgestellt, mit dem das Arbeitsverhältnis mit Ablauf des 31.10.1997 auf **Veranlassung des Arbeitgebers (gem. Aufhebungsvertrag)** beendet wurde.
Das **Finanzamt Aachen-Kreis** hat dann mit Schreiben vom **27.01.1998** um die **Übersendung aller Unterlagen** gebeten, die im Zusammenhang mit der Beendigung des Arbeitsverhältnisses stehen.
Daraufhin hat die Mitarbeiterin Frau Müller eine Kopie der nachfolgenden Unterlagen an das Finanzamt geschickt:

a) Aufhebungsvertrag
b) Arbeitsvertrag
c) letzte Gehaltsabrechnung
d) 2 Eingruppierungen

Gleichzeitig hat **Frau Müller** mir am **26.02.1998** mitgeteilt, dass ich **keine weiteren Unterlagen ohne vorherige Rücksprache mit der Personalabteilung** an das Finanzamt schicken soll (siehe beiliegende Kopie). **Mein Kündigungsschreiben und das Zeugnis**, aus dem der Kündigungsgrund auch hervorgeht, wurden dem Finanzamt **nicht** zugeschickt.

-2-

Im Jahre 1996 hat der Personalleiter, Herr Gottschalk, in der Personalabteilung Rheinbraun, Gruppe Fabriken, die Anweisung gegeben, dass **alle Unterlagen** aus den Personalakten **entfernt** werden sollen, die einen Hinweis darauf geben, dass der Mitarbeiter die **entscheidenden Ursachen** für die Auflösung des Arbeitsverhältnisses gegeben hat. Damals ist gesagt worden, dies würde vorsorglich für eine mögliche interne Revision gemacht.

Nach meinem Verständnis handelte es sich hierbei um die vorsätzliche Vernichtung von Beweismaterial (§ 147 Abs. 1 Nr. 5 AO). Hiermit sollte lediglich ein **Gestaltungsmißbrauch** (§ 42 AO) bei der Ausstellung der Aufhebungsverträge verschleiert werden.

Das Arbeitsverhältnis wird **beendet**, wenn der **Mitarbeiter** der Personalabteilung **mündlich** oder **schriftlich** mitteilt, dass er das Unternehmen verlassen will. Solange der Mitarbeiter dies nicht tut, bleibt das Arbeitsverhältnis bestehen. Somit entsprechen die gemachten Angaben in den Zeugnissen der Wahrheit.

Gem. § 3 Nr. 9 EStG ist eine Abfindung **steuerfrei**, wenn der Arbeitgeber die Beendigung veranlaßt hat. Bei der Verfahrensweise im Unternehmen Rheinbraun ist dies nicht der Fall. Somit macht das Unternehmen der Finanzbehörde gegenüber **steuerlich unrichtige** bzw. **unvollständige** Angaben (§ 370 Abs. 1 AO).

Gem. § 369 Abs. 2 AO gelten für **Steuerstraftaten** die allgemeinen Gesetze über das Strafrecht. Sie verjähren in 5 Jahren (§ 78 Abs. 3 Nr. 4 StGB i.V.m. § 369 AO).

Soweit eine Steuer hinterzogen ist, beträgt die **Festsetzungsfrist 10 Jahre (§ 169 Abs. 2 AO)**. Steuerpflichtiger ist gem. § 33 AO, wer eine Steuer für Rechnung eines Dritten einzubehalten und abzuführen hat.

Gem. § 386 AO hat die Finanzbehörde den Sachverhalt bei dem **Verdacht einer Steuerstraftat** zu ermitteln.

Zum obigen Sachverhalt habe ich bereits einen Schriftverkehr mit dem Unternehmen Rheinbraun geführt (siehe Anlage).

Ich bitte um eine Überprüfung des Sachverhalts und schriftliche Stellungnahme. Sollten sie hierfür länger als **14 Tage** benötigen, bitte ich vorab um eine kurze Mitteilung.

In diesem Zusammenhang bitte ich sie noch mir die Adresse und zuständigen Ansprechpartner bei der **Oberfinanzdirektion** mitzuteilen.

Mit freundlichen Grüßen

Kranz

Anlagen

Finanzamt
Aachen-Kreis

Finanzverwaltung NRW Postfach 6202 - 52034 Aachen

Herrn

Auskunft erteilt	
Frau Mohr Ich bin erreichbar	
Durchwahl-Nr.	Zimmer
0241/940-1224	224

Steuernummer / Geschäftszeichen (bitte in jeder Antwort angeben)

Datum
17.11.2000

Einkommensteuerbescheid 1997

Ihr Schreiben vom 3. 11. 2000

Sehr geehrter Herr Kranz,

der Vorsteher des Finanzamtes Aachen-Kreis hat mich beauftragt, zu Ihren o. a. Schreiben Stellung zu nehmen.

Ihre Einkommensteuererklärung für das Jahr 1997, hier eingegangen am 2. 1. 1998, wurde Ihren Angaben folgend erklärungsgemäß am 6. 3. 1998 bearbeitet. Der Steuerbescheid 1997 ist bestandskräftig. Eine Berichtigung des vorgenannten Steuerbescheides kann nur insofern erfolgen, soweit die Voraussetzungen einer Berichtigungsmöglichkeit nach der Abgabenordnung vorliegen.

Ihr Schreiben vom 3. 11. 2000 sowie den beigefügten Schriftwechsel habe ich zur Kenntnis genommen. Den von Ihnen vorgetragenen Sachverhalt werde ich überprüfen. Eine diesbezügliche weitergehende Stellungnahme erfolgt nicht.

Soweit der Inhalt Ihres Schreibens Ihre persönliche Abfindung beinhaltet und Sie mir mitteilen, dass Sie das Arbeitsverhältnis auf eigenen Wunsch und ohne dem Vorliegen etwaiger entscheidender Ursachen, die Ihr ehemaliger Arbeitgeber für die Auflösung gesetzt hat, gekündigt haben, liegen die Voraussetzungen bei Ihrem zu beurteilenden Sachverhalt für eine Steuerfreiheit nicht vor.

Hauptgebäude	Telefon	Sprechstunden	Konten
52066 Aachen	0241/940-0	Mo - Fr 08.30 - 12.00 Uhr	Sparkasse
Beverstr 17	Telefax	Montags 13.30-15.00	BLZ 39050000 KtoNr. 311118
	0241/940-1515	und nach Vereinbarung	Landeszentralbank
			BLZ 39000000 KtoNr. 39001500

Öffentliche Verkehrsmittel:

Die Beurteilung und rechtliche Würdigung des verwirklichten Sachverhaltes erfolgt erst abschließend bei der Einkommensteuerfestsetzung, nicht hingegen bereits beim Lohnsteuerabzugsverfahren.

Da Sie nunmehr mitteilen, dass Sie auf eigenen Wunsch aus Ihrem Arbeitsverhältnis ausgeschieden sind und dieser Sachverhalt bei der Einkommensteuerfestsetzung nicht bekannt war, beabsichtige ich, Ihre Einkommensteuerfestsetzung 1997 nach § 173 AO zu ändern.

Die zuständigen Herren bei der Oberfinanzdirektion Düsseldorf -Steuerabteilung Köln-(Referat St 2) sind Herr RR Bous (Tel.: 0221/97781834)und Herr StOI Schaffhausen (Tel. 0221/97781840),Riehler Platz 2, 50668 Köln.

Mit freundlichen Grüßen
Im Auftrag

Mohr

27.11.2000

Einschreiben

An den
Leiter des Finanzamtes Aachen Kreis
Herrn Karl-Heinrich Strohe
Beverstr. 17

52066 Aachen

☐☐☐☐☐☐☐☐☐☐
Mein Schreiben vom 03.11.2000
Ihr Schreiben vom 17.11.2000
Steuerhinterziehung

Sehr geehrter Herr Strohe,

mein Schreiben vom **03.11.2000** war an Sie, den Leiter des Finanzamtes Aachen-Kreis, gerichtet. Bei der vom Unternehmen Rheinbraun vorgenommenen vorsätzlichen Steuerhinterziehung handelt es sich nicht um "Peanuts". Es geht hier um eine Steuerhinterziehung in **Millionenhöhe**. In den letzten Jahren sind bereits über **1.500** Mitarbeiter über diese Abfindungsregelung aus dem Unternehmen ausgeschieden (siehe Anlage).

Ein Beamter hat gem. § 61 LBG einen **Diensteid** zu leisten und gem. § 57 LBG muß sein Verhalten innerhalb und außerhalb des Dienstes der **Achtung und dem Vertrauen** gerecht werden, die sein Beruf erfordert. Gem. § 59 LBG trägt der Beamte für die **Rechtmäßigkeit** seiner dienstlichen Handlungen die **volle persönliche Verantwortung**. Wenn ein Beamter die ihm obliegenden Pflichten verletzt, begeht er ein Dienstvergehen (§ 83 LBG). Verletzt ein Beamter vorsätzlich oder grob fahrlässig die ihm obliegenden Pflichten, so hat er dem Dienstherrn, dessen Aufgaben er wahrgenommen hat, den daraus entstandenen Schaden zu ersetzen (§ 84 LBG).

Ich bitte Sie, Herr Strohe, um eine schriftliche Mitteilung, ob Sie gem. § 399 AO das Ermittlungsverfahren **selbständig** durchführen oder ob Sie gem. **§ 386 Abs. 4 AO** die Angelegenheit an die **Staatsanwaltschaft** abgeben.

Sollten Sie für die Beantwortung länger als **10 Tage** benötigen, bitte ich vorab um eine kurze Mitteilung.

Mit freundlichen Grüßen   Anlagen

Krantz

Finanzamt Aachen - Kreis

Der Vorsteher

Beverstr. 17
52066 Aachen, 8. 12. 2000

Herrn

Ihr Schreiben vom 27. 11. 2000
Mein Schreiben vom 17. 11. 2000

Sehr geehrter Herr Kranz,

unter Hinweis auf das Schreiben vom 17.11.2000 teile ich Ihnen erneut mit, dass der von Ihnen vorgetragene Sachverhalt geprüft werden wird.
Aufgrund der Ausführungen in Ihren bisherigen Schreiben gehe ich davon aus, dass Ihnen die Vorschriften der Abgabenordnung bekannt sind. Die von Ihnen gewünschte Korrespondenz betreffend die steuerlichen Angelegenheiten eines anderen Steuerpflichtigen ist mir nach § 30 Abgabenordnung untersagt.

Ich bitte Sie daher, von weiteren Schreiben in dieser Sache abzusehen.

Mit freundlichen Grüßen

Strohe

b) Staatsanwaltschaft Aachen

Alsdorf, den 27.03.2001

Staatsanwaltschaft Aachen
Stiftstr. 39 - 43

52062 Aachen

Steuerhinterziehung

Sehr geehrte Damen und Herren,

mit Schreiben vom **03.11.2000** habe ich den Leiter des Finanzamtes Aachen-Kreis, Herrn Karl-Heinrich Strohe, von einer **Steuerhinterziehung** im Unternehmen Rheinbraun in Kenntnis gesetzt (siehe Anlage). Gem. **§ 399 AO** kann das Finanzamt das Ermittlungsverfahren **selbständig** durchführen oder gem. **§ 386 Abs. 4 AO** die Angelegenheit an die **Staatsanwaltschaft abgeben**.
Da Herr Karl-Heinrich Strohe meine weiteren Schreiben nicht beantwortet, bitte ich sie mir mitzuteilen, ob bei der **Staatsanwaltschaft Aachen** eine **Mitteilung** vom Finanzamt Aachen-Kreis **vorliegt**. Sollte dies nicht der Fall sein, werde ich weitere rechtliche Schritte gegen den Leiter des Finanzamtes Aachen-Kreis einleiten (§§ 13, 258 a StGB).

Für ihre Bemühungen bedanke ich mich im voraus.

Mit freundlichen Grüßen

Kranz

3 Anlagen

Staatsanwaltschaft Aachen

Staatsanwaltschaft Aachen, Postfach, 52034 Aachen
                                    31
Herrn

Stiftstr. 39-43
52062 Aachen
Telefon: (02 41) 47 85-0
Durchwahl: (02 41) 47 85- 36 40
Telefax: 0241 - 4 09 09 24

Datum: 04.04.2001

Geschäfts-Nr.:
(Bitte bei allen Schreiben angeben)
31 AR 139/01

Ihr Zeichen

Betrifft
Ihr Schreiben vom 27.03.2000

Sehr geehrter Herr Kranz,

Ihr o. a. Schreiben habe ich zur Kenntnis genommen. Die von Ihnen
Ihrem Schreiben beigefügten Schreiben an den Leiter des Finanzamtes
Aachen-Kreis vom 03.11. und 27.11.2000 geben mir keinen Anlaß ein
von den Finanzbeamten aufgrund Ihrer Schreiben eingeleitetes Verfahren gem. § 386 Abs. 4 Satz 2 Abgabenordnung an mich zu ziehen.

Im übrigen ergeben sich die Befugnisse der Finanzbehörden bei der
Ermittlung von Steuerstraftaten eindeutig aus der von Ihnen bereits
zitierten Vorschrift des § 386 Abs. 1, Abs. 2 Abgabenordnung. Da
sich aus Ihrem bisherigen Votrag keinerlei Anhaltspunkte dafür ergeben, daß auch andere Strafgesetze verwirklicht worden sind und

es sich nicht ausschließlich um Steuerstrafdaten handelt, ist eine Abgabe der Vorgänge an die Staatsanwaltschaft nicht zwingend geboten.

Hochachtungsvoll

(Schäfer)
Staatsanwalt als Gruppenleiter

Alsdorf, den 25.04.2001

Einschreiben

Staatsanwaltschaft Aachen
-Herrn Oberstaatsanwalt Robert Deller-
Stiftstr. 39 - 43

52062 Aachen

Strafanzeige gegen den Leiter des Finanzamtes Aachen-Kreis,
Herrn Karl-Heinrich Strohe, Beverstr. 17, 52066 Aachen

Sehr geehrter Herr Deller,

hiermit erstatte ich

Strafanzeige

gegen den Leiter des Finanzamtes Aachen-Kreis, **Herrn Karl-Heinrich Strohe**, wegen des Verdachts
der **Unterlassung (§ 13 StGB)**,
der **Strafvereitelung im Amt (§ 258 a StGB)** und
der **Rechtsbeugung (§ 339 StGB)**

Zum Sachverhalt möchte ich folgende Angaben machen.

Am **03.11.2000** habe ich den Leiter des Finanzamtes Aachen-Kreis, Herrn Karl-Heinrich Strohe, von einer **vorsätzlichen Steuerhinterziehung** im Unternehmen Rheinbraun, Stüttgenweg 2, 50935 Köln in Kenntnis gesetzt. Bis heute hat Herr Karl-Heinrich Strohe in dieser Angelegenheit **nichts unternommen**, obwohl er rechtlich dafür zuständig ist.
Die **Pflicht zum Tätigwerden** ergibt sich für Herrn Karl-Heinrich Strohe im Rahmen seines Aufgabenbereichs. Gem. § 386 AO soll die Finanzbehörde bei dem **Verdacht einer Steuerstraftat** den Sachverhalt ermitteln. Wer als **Amtsträger** zur Mitwirkung bei Strafverfahren berufen ist, macht sich nach § 258 a StGB strafbar, wenn er pflichtwidrig eine notwendige **Verfolgungshandlung** unterläßt und deswegen die **Bestrafung eines Rechtsbrechers ausbleibt**. Ein Finanzbeamter, der **pflichtwidrig Steuern nicht erhebt**, begeht eine Steuerstraftat durch Unterlassen (§ 13 StGB).
Bereits im Jahre 1996 sind im Unternehmen Rheinbraun **Unterlagen entfernt** worden, die einen Hinweis darauf geben, dass die Mitarbeiter die entscheidenden Ursachen für die Auflösung des Arbeitsverhältnisses gegeben haben. Da schon über **1.500 Mitarbeiter** in den vergangenen Jahren über die Abfindungsregelung ausgeschieden sind, besteht meines Erachtens eine **Verdunkelungsgefahr** (§ 163 StPO), durch die die Wahrheitsermittlung erschwert wird.

Da ich persönlich auch von dieser Steuerhinterziehung betroffen bin, bitte ich um eine Überprüfung des Sachverhalts unter **allen** in Betracht kommenden **rechtlichen Gesichtspunkten** (§§ 13, 258 a, 339 StGB) und schriftliche Stellungnahme. Meines Erachtens sollte **auch überprüft werden**, ob die §§ 331, 332, 333, 334, 335, 336 StGB hier zum Zuge kommen.
Den zwischen mir und Herrn Karl-Heinrich Strohe geführten Schriftverkehr habe ich als Anlage beigefügt.

Für die **Glaubwürdigkeit der Finanzbeamten und der Justiz** in der BRD ist hier eine Aufklärung dringend notwendig. Ansonsten kommt der Verdacht auf, dass man in der BRD **die kleinen Diebe hängt und die großen Diebe laufen lässt.**

Ein Beamter hat gem. **§ 61 LBG** einen **Diensteid** zu leisten und gem. **§ 57 LBG** muß sein Verhalten innerhalb und außerhalb des Dienstes der **Achtung und dem Vertrauen** gerecht werden, die sein Beruf erfordert. Gem. **§ 59 LBG** trägt der Beamte für die **Rechtmäßigkeit** seiner dienstlichen Handlungen die **volle persönliche Verantwortung.** Wenn ein Beamter die ihm obliegenden Pflichten verletzt, begeht er ein Dienstvergehen **(§ 83 LBG)**. Verletzt ein Beamter vorsätzlich oder grob fahrlässig die ihm obliegenden Pflichten, so hat er dem Dienstherrn, dessen Aufgaben er wahrgenommen hat, den daraus entstandenen Schaden zu ersetzen **(§ 84 LBG)**

Abschließend möchte ich sie noch darauf aufmerksam machen, dass die **Staatsanwaltschaft** gem. **§ 386 Abs. 4 Satz 2 AO** die Strafsache (vorsätzliche Steuerhinterziehung) **jederzeit an sich ziehen** kann.

Ich bitte vorab um eine **schriftliche Bestätigung des Eingangs** meiner Strafanzeige und die **Adresse** sowie den **Ansprechpartner** bei ihrer **nächsthöheren Dienststelle** für Beschwerden gegen die Staatsanwaltschaft Aachen.

Mit freundlichen Grüßen

Kranz

4-1 Anlagen

Staatsanwaltschaft Aachen

Staatsanwaltschaft Aachen, Postfach, 52034 Aachen
30

Stiftstraße 39-43
52062 Aachen
Telefon: (02 41) 4785-0
Durchwahl: (02 41) 4785- 3639
Telefax:
    0241-4090924 (Ermittlungssachen)
    0241-9291109 (Vollstreckungssachen)
    0241-407356 (Pressestelle)

Datum: 05.09.01

Geschäfts-Nr.: 30 Js 449/01
(Bitte bei allen Schreiben angeben)

Ihr Zeichen:

Betreff

Ermittlungsverfahren
gegen Karl-Heinrich Strohe
wegen Strafvereitelung pp.

Bezug

Ihre Strafanzeige gegen den Leiter des Finanzamtes Aachen-Kreis
vom 25.04.01

Sehr geehrter Herr Kranz,

auf Ihre Strafanzeige hin habe ich den Sachverhalt geprüft, sehe
mich jedoch zu einem strafrechtlichen Einschreiten gegen den vor-
benannt Beschuldigten nicht in der Lage.

Der Leiter des Finanzamtes Aachen-Kreis hat Ihre Eingabe vom
03.11.00 mit Schreiben vom 03.01.01 dem Finanzamt für Steuerstrafsachen und -fahndung Köln weitergeleitet. Ob die durch Ihre ehemalige
Arbeitgeberin, der Fa. Rheinbraun, an ihre Arbeitnehmer geleisteten
Abfindungen steuerlich zutreffend behandelt wurden, kann nur durch

Sprechstunden: Mo.-Fr. 8.30 - 12.00 Uhr, Mo. und Di. 14.00-15.00 Uhr, Mi.-Fr .14.00-14.30 Uhr
Erreichbar mit zahlreichen Buslinien, Haltestelle Kaiserplatz
Konto der Gerichtskasse Aachen: Landeszentralbank Aachen 390 015 10 (BLZ 390 000 00)

...as für die Fa. Rheinbraun zuständige Finanzamt Köln - West - im Rahmen einer Prüfung geklärt werden.

Bei dieser Sachlage vermag ich dem Beschuldigten ein in Rede stehendes Vergehen der Strafvereitelung im Amt nicht vorzuwerfen.

Konkrete Anhaltspunkte für das Vorliegen der Ihrerseits behaupteten Vergehen der Vorteilsannahme, der Bestechlichkeit und Rechtsbeugung liegen nicht vor.

Ich habe daher das Verfahren nach § 170 Abs. 2 StPO einstellen müssen.

Hochachtungsvoll

(Schrimm)
Staatsanwältin

c) Steuerfahndung Köln

Alsdorf, den 06.03.2001

Einschreiben mit Rückschein

Finanzamt für Steuerstrafsachen und
Steuerfahndung Köln
- Herr Leitender Regierungsdirektor Adam -
Am Gleisdreieck 7 - 9

50823 Köln

Steuerhinterziehung

Sehr geehrter Herr Adam,

die in der Anlage beigefügten Schreiben habe ich dem Leiter des Finanzamtes Aachen Kreis, **Herrn Karl-Heinrich Strohe**, am **03.11.2000** zugeschickt und um eine Überprüfung des Sachverhalts und schriftliche Stellungnahme gebeten. Leider hat Herr Strohe sich bis zum heutigen Tage nicht dazu geäußert und sich hierbei auf den § 30 AO berufen (siehe Anlage). Da es sich aber um eine Steuerhinterziehung in **Millionenhöhe** handelt, besteht hier auch ein öffentliches Interesse (**§ 30 Abs. 5 AO**).

Aus diesem Grund bitte ich sie, Herr Adam, um eine Überprüfung des Sachverhalts und schriftliche Stellungnahme.

Sollten sie für die Stellungnahme länger als **14 Tage** benötigen, bitte ich vorab um eine kurze schriftliche Mitteilung.

Mit freundlichen Grüßen

Kranz

29 Anlagen

Finanzamt für Steuerstrafsachen und Steuerfahndung Köln

- Vorsteher -

Finanzverwaltung NRW · Postfach 300451 · 50774 Köln

	Wir haben gleitende Arbeitszeit
Auskunft erteilt	
Herr StOI Schornstein	
Durchwahl-Nr.	Zimmer
0221/5772-435	335

Steuernummer/Geschäftszeichen (bitte in jeder Antwort angeben)
5283/2001/01038-0

Datum
. März 2001

gezahlte Abfindungen der Firma RWE Rheinbraun

Ihr Schreiben vom 06.03.2001

Sehr geehrter Herr Kranz,

hiermit bestätige ich Ihnen den Eingang Ihres Schreibens vom 06.03.2001. Die Bearbeitung erfolgt unter oben bezeichnetem Aktenzeichen.

Zur Sache selbst kann ich Ihnen aufgrund des bestehenden Steuergeheimnis, das Ausfluß des § 30 der Abgabenordnung ist, keine weiteren Angaben machen.
Auch Ihr Hinweis auf § 30 (4) Nr. 5 der Abgabenordnung, daß hier ein zwingendes öffentliches Interesse bestehe, da es sich um Steuerhinterziehung in Millionenhöhe handeln würde, ändert hieran nichts. Die steuerlichen Verhältnisse eines Dritten sind durch das Rechtsgut des Steuergeheimnisses derart geschützt, daß Ihnen keinerlei weitere Auskünfte erteilt werden können.

Insoweit ist mir eine abweichende Entscheidung zu der Ihnen mit Schreiben vom 08.12.2000 dargelegten Rechtsauffassung des Finanzamtes Aachen - Kreis nicht möglich.

Ich bedauere, Ihnen keine andere Entscheidung mitteilen zu können und verbleibe

mit freundlichen Grüßen
Im Vertretung

Jende

Dienstgebäude
Am Gleisdreieck 7 - 9
50823 Köln

Telefon
0221/5772-0

Telefax
0221/340

Sprechstunden

und nach Vereinbarung

Alsdorf, den 13.04.2001

Finanzamt für Steuerstrafsachen und
Steuerfahndung Köln
- **Herr Leitender Regierungsdirektor Adam** -
Am Gleisdreieck 7 - 9

50823 Köln

Steuerhinterziehung
Mein Schreiben vom 06.03.2001
Ihr Schreiben vom 06.04.2001, Geschäftsz.: 5283/2001/01038-0
§ 13 StGB (Begehen durch Unterlassen),§ 258 a StGB (Strafvereitelung im Amt)

Sehr geehrter Herr Adam,

mein Schreiben vom **06.03.2001** war an sie, **den leitenden Regierungsdirektor Adam**, gerichtet.
Da ich persönlich auch von dieser Steuerhinterziehung betroffen bin, bitte ich sie, Herr Adam, noch
einmal um eine schriftliche Stellungnahme zu dieser **vorsätzlichen Steuerhinterziehung** im Unternehmen Rheinbraun (**§ 42 e EStG**).
Gem. **§ 61 LBG** hat ein Beamter einen **Diensteid** zu leisten und gem. **§ 57 LBG** muß sein Verhalten
innerhalb und außerhalb des Dienstes der **Achtung und dem Vertrauen** gerecht werden, die sein Beruf erfordert. Gem. **§ 59 LBG** trägt der Beamte für die **Rechtmäßigkeit** seiner dienstlichen Handlungen die **volle persönliche Verantwortung**. Wenn ein Beamter die ihm obliegenden Pflichten verletzt, begeht er ein Dienstvergehen (**§ 83 LBG**). Verletzt ein Beamter **vorsätzlich** oder **grob fahrlässig** die ihm obliegenden Pflichten, so hat er dem Dienstherrn, dessen Aufgaben er wahrgenommen
hat, den daraus entstandenen Schaden zu ersetzen (**§ 84 LBG**).

Sollte ich von ihnen, Herr Adam, bis zum

05.05.2001

keine schriftliche Stellungnahme vorliegen haben, werde ich sie - ohne weitere Fristsetzung - bei der
Staatsanwaltschaft anzeigen (§§ 13, 258 a StGB).

Abschließend bitte ich sie noch, mir die Adresse sowie den **Ansprechpartner** bei ihrer **nächsthöheren Dienststelle** für Beschwerden gegen das Finanzamt für Steuerstrafsachen u. Steuerfahndung
Köln schriftlich mitzuteilen.

Mit freundlichen Grüßen

Kranz

70

Finanzamt
für Steuerstrafsachen und Steuerfahndung
Köln

Finanzverwaltung NRW Postfach 300451 - 50774 Köln

Wir haben gleitende Arbeitszeit.

Auskunft erteilt	
Herr Jende	
Durchwahl-Nr.	Zimmer
(0221) - 5772 - 310	310

Termin/Frist:

Steuernummer / Geschäftszeichen (bitte in jeder Antwort angeben)
283 / 2001/01038-0-102

Datum
19. April 2001

Ihre Anzeige wegen Steuerhinterziehung

Ihr Schreiben vom 13. 04. 2001

Sehr geehrter Herr Kranz,

den von Ihnen angezeigten Sachverhalt habe ich zur Kenntnis genommen.. Der von meinem Vertreter Herrn Jende in meiner krankheitsbedingten Abwesenheit Ihnen mitgeteilten Auffassung pflichte ich vollinhaltlich bei. Ich habe dem nichts hinzuzufügen.

Ihre Frage nach der nächsthöheren Dienststelle darf ich wie folgt beantworten. Die nächsthöhere Dienststelle ist die Oberfinanzdirektion Düsseldorf, Steuerabteilung Köln, Riehler Platz 2, 50668 Köln.

Ansprechpartner dort sind Frau Oberregierungsrätin Jardin (Tel. 0221/9778-1632) und Herr Steueramtsrat Wachendorf (Tel. 0221/9778-1636).

Mit freundlichen Grüßen

Adam

Hauptgebäude	Telefon	Sprechstunden	Konten
Am Gleisdreieck 7-9	(0221) - 5772 - 0	Mo - Fr 8.30 - 12.00	
50823 Köln	Telefax	und nach Vereinbarung	BLZ · KtoNr.
	(0221) - 5772 - 340		BLZ KtoNr.

Öffentliche Verkehrsmittel:
S-Bahn bis Bahnhof Nippes oder Linie 5 bis Haltestelle Gutenbergstraße

d) Staatsanwaltschaft Köln

Alsdorf, den 09.09.2002

Einschreiben

Staatsanwaltschaft Köln
Am Justizzentrum 13

50939 Köln

Strafanzeige gegen die Rheinbraun AG, Stüttgenweg 2, 50935 Köln, vertreten durch den Vorstandsvorsitzenden Berthold A. Bonekamp

Hiermit erstatte ich

Strafanzeige

gegen die **Rheinbraun AG, Stüttgenweg 2, 50935 Köln**, vertreten durch den Vorstandsvorsitzenden **Berthold A. Bonekamp**, wegen

**vorsätzlicher Steuerhinterziehung und
vorsätzlichem Betrug (§ 263 StGB).**

Zum Sachverhalt möchte ich folgende Angaben machen:

Mit Schreiben vom **05.10.1997** bat ich um die Beendigung des Arbeitsverhältnisses mit der Rheinbraun AG zum 31.10.1997 und um ein **qualifiziertes Zeugnis**. Mit Datum **06.10.1997** wurde dann ein **Aufhebungsvertrag** ausgestellt, mit dem das Arbeitsverhältnis mit Ablauf des 31.10.1997 auf Veranlassung des Arbeitgebers (gem. **Aufhebungsvertrag**) beendet wurde.

Das Finanzamt Aachen-Kreis hat dann mit Schreiben vom **27.01.1998** um die **Übersendung aller Unterlagen** gebeten, die im Zusammenhang mit der Beendigung des Arbeitsverhältnisses stehen. Daraufhin hat die **Mitarbeitern** des Unternehmens **Rheinbraun**, Frau **Doris Müller**, eine Kopie der nachfolgenden Unterlagen an das Finanzamt geschickt:

a) Aufhebungsvertrag
b) Arbeitsvertrag
c) letzte Gehaltsabrechnung
d) 2 Eingruppierungen

Gleichzeitig hat Frau Müller mir am **26.02.1998** mitgeteilt, dass ich **keine weiteren Unterlagen ohne vorherige Rücksprache mit der Personalabteilung** an das Finanzamt schicken soll.

Beweis: Schreiben von Frau Müller vom 26.02.1998
(siehe Anlage)

Mein Kündigungsschreiben vom 05.10.1997 und
das Zeugnis vom 03.11.1997 (siehe Anlage),

-2-

aus dem der Kündigungsgrund auch hervorgeht, wurde von der Personalabteilung des Unternehmens Rheinbraun absichtlich nicht dem **Finanzamt zugeschickt.**

Ferner hatte im Jahre 1996 der **Personalleiter Gottschalk** in der Personalabteilung Rheinbraun, Gruppe Fabriken, die **Anweisung gegeben, dass alle Unterlagen** aus den Personalakten **entfernt** werden sollen, die einen Hinweis darauf geben, dass der **Mitarbeiter** die **entscheidenden Ursachen** für die Auflösung des Arbeitsverhältnisses gegeben hat. Damals ist gesagt worden, dies würde vorsorglich für eine mögliche interne Revision gemacht.

Beweis: Schreiben Herr Gottschalk vom 15.08.2000, Seite 2, Punkt 2.
                 (siehe Anlage)

Dies war eine vorsätzliche Vernichtung von Beweismaterial gem. § 147 Abs. 1 Nr. 5 AO. Mit dieser Vernichtungsaktion sollte lediglich ein **Gestaltungsmißbrauch** gem. § 42 AO bei der Ausstellung der Aufhebungsverträge **verschleiert werden.**

Im Aufhebungsvertrag vom 06.10.1997 hat das Unternehmen Rheinbraun geschrieben:

Das Arbeitsverhältnis wurde **auf unsere Veranlassung einvernehmlich aufgehoben.**

Im Zeugnis vom 03.11.1997 hat das Unternehmen Rheinbraun geschrieben:

Herr **Kranz** schied am 31.10.1997 **auf eigenen Wunsch aus unserem Unternehmen aus.**

Die vom **Unternehmen Rheinbraun** gemachten Angaben sind somit **nicht identisch**, sie widersprechen sich. Dies ist ein **absichtlicher Gestaltungsmißbrauch** gem. § 42 AO.

Damit das Finanzamt Aachen-Kreis diesen vorsätzlichen Gestaltungsmißbrauch nicht entdeckt, hat die **Mitarbeiterin Doris Müller** dem Finanzamt Aachen-Kreis absichtlich im Februar 1998 das **Zeugnis** vom 03.11.1997 und das **Kündigungsschreiben** vom 05.10.1997 **nicht zugeschickt.**

Das Arbeitsverhältnis wird beendet, wenn der Mitarbeiter der Personalabteilung mündlich oder schriftlich mitteilt, dass er das Unternehmen verlassen will. Solange der Mitarbeiter dies nicht tut, bleibt das Arbeitsverhältnis bestehen. Somit sind die im **Aufhebungsvertrag** gemachten Angaben **falsch** und die im **Zeugnis** gemachten Angaben **richtig.**

Gem. § 3 Nr. 9 EStG ist eine Abfindung steuerfrei, wenn der Arbeitgeber die Beendigung veranlaßt hat. Bei der Verfahrensweise im Unternehmen Rheinbraun ist dies nicht der Fall. Somit macht das Unternehmen **Rheinbraun** der **Finanzbehörde gegenüber** steuerlich **unrichtige** bzw. **unvollständige** Angaben (§ 370 Abs. 1 AO).

Das Unternehmen Rheinbraun macht sich somit **strafbar** wegen **vorsätzlicher Steuerhinterziehung.** Gem. § 369 Abs. 2 AO gelten für **Steuerstraftaten** die allgemeinen Gesetze über das Strafrecht. Sie **verjähren in 5 Jahren** (§ 78 Abs. 3 Nr. 4 StGB i.V.m. § 369 AO).

Soweit eine Steuer **hinterzogen** ist, beträgt die **Festsetzungsfrist 10 Jahre** (§ 169 Abs. 2 AO).

Steuerpflichtiger ist gem. § 33 AO, wer eine Steuer für Rechnung eines Dritten **einzubehalten** und **abzuführen** hat.

Für die Einbehaltung und Abführung der Steuer ist gem. § 33 AO i.V.m. § 41 a EStG der Arbeitgeber zuständig (Franz Klein, AO-Kommentar, 7. Auflage 2000, § 33 AO).

Da das Unternehmen Rheinbraun bereits seit 1993 diese Steuerhinterziehung begeht und schon über 1.500 Mitarbeiter über diese Abfindungsregelung ausgeschieden sind (siehe Anlage), muß das Unternehmen Rheinbraun auch für diese nicht eingehaltenen Steuern gem. den §§ 69, 71 AO und § 42 d EStG haften   (Franz Klein, AO-Kommentar, 7. Auflage 2000, § 33 AO Rn 26).

Denn gem. § 42 d EStG ist eine **Pflichtverletzung** durch den **Arbeitgeber** die Voraussetzung der Haftung. Der Haftungsanspruch entsteht (§ 38 AO), sobald die einzubehaltende Lohnsteuer zum Fälligkeitszeitpunkt nicht an das Finanzamt abgeführt wird.

Und das Unternehmen Rheinbraun weiß bereits seit 1996, dass sie eine vorsätzliche Steuerhinterziehung begeht. Somit kommt auch hier die Haftung zum Zuge.

Gem. § 42 d EStG ist bei einer Lohnsteuernachforderung für **mehr als 40 Arbeitnehmer** die Inanspruchnahme des Arbeitgebers regelmäßig gerechtfertigt.
Und die im Unternehmen Rheinbraun betroffenen über 1.500 ehemaligen Mitarbeiter sind wesentlich mehr als 40 Arbeitnehmer.

Dies geht auch eindeutig aus der **Kommentierung zum Einkommensteuergesetz von Ludwig Schmidt**, § 42 d EStG, Rn 6, 10, 31, hervor.

Bezüglich
der Pflichten der gesetzlichen Vertreter und der Vermögensverwalter (§ 34 AO),
der Haftung der Vertreter (§ 69 AO),
der Haftung des Steuerhinterziehers und des Steuerhehlers (§ 71 AO) und
der Verzinsung von hinterzogenen Steuern (§ 235 AO)
verweise ich sie auf die **Kommentierung zur Abgabenordnung von Franz Klein.**

Unter Berücksichtigung der von mir **vorgebrachten Beweise** ist eindeutig zu erkennen, dass das Unternehmen **Rheinbraun, Stüttgenweg 2, 50935 Köln,** vorsätzlich seit mehreren Jahren eine Steuerhinterziehung begeht.

Ich bitte um eine Überprüfung des obigen Sachverhalts unter allen in Betracht kommenden rechtlichen Gesichtspunkten und schriftliche Stellungnahme.

Vorab bitte ich um eine schriftliche Bestätigung des Eingangs meiner Strafanzeige.

Mit freundlichen Grüßen

Kranz

12 Anlagen

```
Staatsanwaltschaft Köln                    50926 Köln, 6.11.2002
                                           Am Justizzentrum 13
Geschäftsnr.: 111 Js 355/02                Postfach:
(Es wird gebeten, bei allen Ein-           Telefon : 0221 / 477- 4420
gaben die vorstehende Geschäfts-           Telefax : 0221 / 477-4050
nummer anzugeben)
```

Betrifft: Ihre Anzeige gegen Bonekamp
            Tatvorwurf: Steuerhinterziehung

Sehr geehrter Herr Kranz,

Ihre Strafanzeige ist hier am 11.9.2002 eingegangen und wird unter obiger
Geschäftsnummer bearbeitet.

Geben Sie die Geschäftsnummer bitte bei allen Eingaben zu diesem Verfahren an.

Hochachtungsvoll

Auf Anordnung

Mand
Justizsekretär

10. Keine Gleichberechtigung (Art. 3 GG) bei der Steuererhebung?

Gem. **Artikel 3 Grundgesetz (GG)** sollen alle Menschen in der BRD vor dem Gesetz gleich behandelt werden.

Artikel 3 GG   **Gleichheit vor dem Gesetz**
(1) Alle Menschen sind vor dem Gesetz gleich.
(2) Männer und Frauen sind gleichberechtigt. Der Staat fördert die tatsächliche Durchsetzung der Gleichberechtigung von Frauen und Männern und wirkt auf die Beseitigung bestehender Nachteile hin.
(3) Niemand darf wegen seines Geschlechtes, seiner Abstammung, seiner Rasse, seiner Sprache, seiner Heimat und Herkunft, seines Glaubens, seiner religiösen oder politischen Anschauungen benachteiligt oder bevorzugt werden. Niemand darf wegen seiner Behinderung benachteiligt werden.

Bei einer Steuerhinterziehung scheint es keine Gleichberechtigung zu geben. Die Justiz bleibt bei den Unternehmen untätig. In der BRD können die Vorstände der Unternehmen machen was sie wollen. Eine Kontrolle durch die Justiz haben sie nicht zu befürchten. Anscheinend sind diese Vorstandsmitglieder keine Menschen gem. Art. 3 GG.

Bei Einzelpersonen bleibt die deutsche Justiz nicht untätig. Die nachfolgenden Beispiele zeigen, wie die Justiz diese Einzelpersonen bestraft hat.

	Steuern hinterzogen	**Strafe für Steuerhinterziehung**
Peter Graf	ca. 16 Millionen DM	3 Jahre und 9 Monate Haft
Marcel Avram	ca. 5 Millionen DM	3 Jahre Haft
Hans-Joachim Stuck	ca. 2 Millionen DM	2 Jahre auf Bewährung
Paul Kuhn	ca. 1,2 Millionen DM	1 Jahr auf Bewährung
Paul Schockemöhle	ca. 15 Millionen DM	11 Monate auf Bewährung
Jörg Wontorra	ca. 225.000,-- DM	11 Monate auf Bewährung

(Quelle: Focus-Money, 14/2000)

II. Rechtsanwälte

1. Allgemeines

Nach dem **Grundgesetz (GG)** ist die BRD ein demokratischer und sozialer Bundesstaat. Dies ergibt sich aus Artikel 20 u. 28 GG.

Neben der Verpflichtung, staatliches Handeln den Grundsätzen sozialer Gerechtigkeit zu unterwerfen, steht das Bekenntnis zum Rechtsstaat. An Gesetz und Recht sind

- die Gesetzgebung (Legislative),
- die vollziehende Gewalt (Exekutive),
- die Rechtsprechung (Judikative)

unbedingt gebunden (Art. 20 III GG).

Das Rechtsstaatsprinzip wird durch zahlreiche Regelungen des GG maßgeblich mitgeprägt. Als solche Elemente des Rechtsstaatsprinzips sind u. a. zu nennen:

- die Menschenwürdegarantie des Art. 1 GG,
- die Grundrechtsbindung nach Art. 1 GG,
- die Rechtsweggarantie nach Art. 19 GG,
- die Gewaltenteilung, Art. 20 GG,
- die Verfassungsbindung, Art. 20 GG,
- die Bindung an Gesetz und Recht, Art. 20 GG,
- die Staatshaftung, Art. 34 GG,
- das Rechtsprechungsmonopol der Gerichte, Art. 92 GG,
- die Zuständigkeiten des Verfassungsgerichts, Art. 93 GG,
- die Sicherung der Einheitlichkeit der Rechtsprechung, Art. 95 GG,
- die Unabhängigkeit der Richter, Art. 97 GG,
- das Verbot der Ausnahmegerichte und die Garantie des gesetzlichen Richters, Art. 101 GG
- der Anspruch auf rechtliches Gehör, Art. 103 GG.
(Grundgesetz-Kommentar, Michael Sachs, Art. 20 Rn 77)

Da das Rechtsstaatsprinzip aber von vornherein keine in allen Einzelheiten eindeutig bestimmten Gebote oder Verbote von Verfassungsrang enthält, bedarf es noch der Konkretisierung. Zu diesen wesentlichen Bestandteilen gehören

- die Idee der Gerechtigkeit,
- das Prinzip der Rechtssicherheit,
- der Vertrauensschutz,
- der Grundsatz der Verhältnismäßigkeit,
- das Recht auf ein faires Verfahren.

Die Idee der **Gerechtigkeit** verlangt das Bemühen um Gerechtigkeit nicht nur im allgemeinen, sondern gerade auch im Einzelfall. Damit ist gemeint, dass die Gesetze gerechte Regelungen enthalten

müssen und ihre Anwendung im Einzelfall durch Behörden oder Gerichte zu gerechten, also inhaltlich – materiell – richtigen Ergebnissen führen muß.
(BVerfGE 7, 89, 92)

Das Prinzip der **Rechtssicherheit** dient dem Rechtsfrieden und der Verläßlichkeit der Rechtsordnung. Es besagt, dass jedes – streitige oder unstreitige – Verfahren, in dem es um die Anwendung von Recht geht, einmal zu einem endgültigen Abschluß kommen muß, dessen Rechtsbeständigkeit gesichert ist. Insofern ist die Rechtssicherheit eine notwendige Bedingung der Freiheit, weil selbstverantwortliche Lebensgestaltung nur auf der Grundlage sicheren Rechts möglich ist.
(BVerfGE 60, 253, 267 ff.)

Der Grundsatz des **Vertrauensschutzes** steht mit dem Prinzip der Rechtssicherheit in engem Zusammenhang. In vielen Fällen bedeutet Rechtssicherheit in erster Linie Vertrauensschutz, nämlich Schutz des Vertrauens des Bürgers darauf, dass an sein Verhalten nicht nachträglich ungünstigere Rechtsfolgen geknüpft werden, als im Zeitpunkt seiner jeweiligen Dispositionen vorhersehbar war.
(BVerfGE 13, 261, 271)

Der Grundsatz der **Verhältnismäßigkeit** ergibt sich nicht nur aus dem Rechtsstaatsprinzip, sondern auch aus dem Wesen der Grundrechte selbst, die als Ausdruck des allgemeinen Freiheitsanspruchs des Bürgers jeweils nur so weit beschränkt werden dürfen, wie es zum Schutz öffentlicher Interessen unerläßlich ist; der Bürger muß vor unnötigen Eingriffen der öffentlichen Gewalt bewahrt bleiben.
(BVerfGE 19, 342, 348 f.; 55, 159, 165)

Er betrifft das Verhältnis zwischen Mittel und Zweck. Bei der Gesamtabwägung kommt es darauf an, ob Mittel und Zweck in einem angemessenen Verhältnis zueinander stehen (Übermaßverbot oder Verhältnismäßigkeit im engeren Sinne); es darf also nicht „mit Kanonen auf Spatzen geschossen" werden.
(BVerfGE 67, 157, 173; 90, 145, 172 f.)

Das Recht auf ein faires Verfahren gehört zu den wesentlichen Auswirkungen des Rechtsstaatsprinzips im Bereich von Verfahrensregeln. Es besteht gleichermaßen in allen Verwaltungs- und Gerichtsverfahren, hat aber vor allem im Strafverfahren Bedeutung erlangt. Es besagt, dass niemand, auch nicht der Angeklagte, zum bloßen Objekt eines staatlichen Verfahrens herabgewürdigt werden darf; vielmehr muß dem Betroffenen die Möglichkeit gegeben werden, zur Wahrung seiner Rechte auf den Gang und das Ergebnis des Verfahrens Einfluß zu nehmen.
(BVerfGE 57, 250, 274 f.)

Will ein Bürger seine Interessen vor einem Gericht vertreten, muß er dafür fast immer die Tätigkeit einer rechtskundigen Person in Anspruch nehmen. Zu diesen rechtskundigen Personen sind in der BRD in erster Linie die Rechtsanwälte berufen **(§ 3 BRAO)**.
Andere Personen dürfen eine Rechtsberatung geschäftsmäßig (gleich ob entgeltlich oder unentgeltlich) nur ausüben, wenn ihnen die nach dem **Rechtsberatungsgesetz** erforderliche Erlaubnis erteilt wurde.

Sobald in der BRD eine Auseinandersetzung unter Einschaltung der Gerichte erfolgt, können sich die Bürger nur in einem Parteiprozeß **(§§ 50, 79 ZPO)** selbst vertreten oder durch jede prozeßfähige Person als Bevollmächtigten **(§§ 51, 52, 79, 80 ZPO)** vertreten lassen. Dies ist meist bei einer Auseinandersetzung vor einem **Amtsgericht** der Fall.

Vor den **Landgerichten** haben die Rechtsanwälte im Rahmen der notwendigen anwaltlichen Vertretung (**§ 78 ZPO**) ein **Vertretungsmonopol**. Dies bedeutet, dass die Bürger sich von einem Anwalt vertreten lassen müssen. Ohne Anwalt kann kein Bürger einen Rechtsstreit vor einem Landgericht führen. Diese Monopolstellung führt dazu, dass die Bürger auf die **fachliche Qualifikation** ihres Anwalts angewiesen sind.

Ob der ausgewählte Anwalt über die für den Prozeß nötigen Kenntnisse verfügt, erfährt der Bürger meistens erst während des Verfahrens vor Gericht.

Es gibt nämlich in der BRD für einen bestimmten Bereich (z.B. Arbeitsrecht, Steuerrecht, Strafrecht, Versicherungsrecht, Verwaltungsrecht usw.) 4 verschiedene Rechtsanwälte:

1. Rechtsanwalt

2. Rechtsanwalt mit **Interessenschwerpunkt** für den Bereich ...

3. Rechtsanwalt mit **Tätigkeitsschwerpunkt** für den Bereich ...

4. **Fachanwalt** für den Bereich ...

Qual der Wahl. Fast 98.000 Anwälte boten laut Bundesrechtsanwaltskammer am 01.01.1999 in Deutschland ihre Dienste an. Trotzdem ist es für den juristischen Laien schwer, den richtigen Rechtsanwalt zum richtigen Zeitpunkt zu finden. Denn ein unerfahrener Mandant, gibt der Münchner Anwalt und EDV-Rechts-Experte Benno Heussen in seinem jüngsten „Insider-Report" zu bedenken, kann die Qualität eines Anwalts nur schwer abschätzen.

Die Suche nach der geeigneten Kanzlei wird für den Ratsuchenden schnell zu einem Hindernislauf in einem unübersichtlichen Parcours. Außer einigen spärlichen Hinweisen in Branchenbüchern und Anwaltsverzeichnissen über Fachanwaltschaften, Tätigkeitsschwerpunkte und nur wenig aussagekräftige Interessengebiete ist über die Advokaten nicht viel in Erfahrung zu bringen. Die laut Heussen „zweifellos professionellste Methode", um den „besten Anwalt zu finden", nämlich die Anwälte selbst nach profilierten anderen Kollegen zu fragen, scheidet für den Hilfe suchenden Normalverbraucher meist aus. Denn welche Kanzlei betätigt sich schon gern als Auskunftei und schickt einen viel versprechenden Fall zur spezialisierten Konkurrenz?

Außerdem dürfen deutsche Anwälte als Volljuristen schließlich in jedem Rechtsgebiet tätig werden. Genau da aber liegt für Rudolf Haibach ein Problem der deutschen Anwaltschaft. „Immer noch meinen viele Anwälte, sie könnten alle Fälle gleich kompetent bearbeiten. Aber kein Anwalt", resümiert Haibach aus eigener Erfahrung, „ist in der Lage, in allen Rechtsgebieten alle Winkelzüge zu kennen."

(Quelle: Zeitschrift „Focus", 46/1999, Seite 156, 158)

2. Pflichten der Rechtsanwälte (§ 1 BORA, § 43 a BRAO)

Gem. § 1 der **Berufsordnung für Rechtsanwälte** (BORA) hat ein Rechtsanwalt seine Mandanten vor Rechtsverlusten zu schützen und vor Fehlentscheidungen durch Gerichte und Behörden zu bewahren.

§ 1 BORA	Freiheit der Advokatur

(1) Der Rechtsanwalt übt seinen Beruf frei, selbstbestimmt und unreglementiert aus, soweit Gesetz oder Berufsordnung ihn nicht besonders verpflichtet.

(2) Die Freiheitsrechte des Rechtsanwalts gewährleisten die Teilhabe des Bürgers am Recht. Seine Tätigkeit dient der Verwirklichung des Rechtsstaats.

(3) Als unabhängiger Berater und Vertreter in allen Rechtsangelegenheiten hat der Rechtsanwalt seine Mandanten vor **Rechtsverlusten zu schützen**, rechtsgestaltend, konfliktvermeidend und streitschlichtend zu begleiten, **vor Fehlentscheidungen durch Gerichte und Behörden zu bewahren** und gegen verfassungswidrige Beeinträchtigung und staatliche Machtüberschreitung zu sichern.

Die **Pflicht**, seinen Mandanten „**vor Rechtsverlusten zu schützen**", konkretisiert lediglich eine sich aus § 242 BGB im Hinblick auf das anwaltliche Vertrauensverhältnis ergebende Verpflichtung (OLG Düsseldorf NJW-R R 2000, 874; vgl. § 44 Rdnr. 17 ff.)
(Kommentierung zur BRAO, Feuerich/Weyland, 6. Auflage, § 1 BORA Rn 9)

Die Verantwortung für seine freie, unbehinderte Beratung und Vertretung trägt allein der Rechtsanwalt. Bei

unzulänglicher rechtlicher Aufklärung,
inhaltlich falscher Beratung und
unsachgemäßer Vertretung

kann ein Rechtsanwalt u.U. zivilrechtlich zum Schadenersatz herangezogen werden. Ferner kann ein Rechtsanwalt sich bei **vorsätzlicher Falschberatung** oder **unsachgemäßer Vertretung** wegen **Parteiverrats** (§ 356 StGB) strafbar machen.

Übernimmt ein Rechtsanwalt auf einem bestimmten Rechtsgebiet ein Mandat, dann muß er sich **Kenntnis** von der dazu veröffentlichten **höchstrichterlichen Rechtsprechung**, vornehmlich von den in den Entscheidungssammlungen abgedruckten Urteilen **verschaffen** und diese **berücksichtigen** (BGH NJW 1983, 1665; 1989. 1155 mit Anm. Wagner). Das **Unterlassen** der gebotenen Fortbildung kann nicht nur zu Schadensersatzverpflichtungen führen, sondern ist **pflichtwidrig**.
(Kommentierung zur BRAO, Feuerich/Weyland, 6. Auflage, § 3 BRAO Rn 9)

Dem eigenen Mandanten, dem Gegner und dem gegnerischen Anwalt gegenüber darf der **Rechtsanwalt** im Rahmen seiner Berufsausbildung **nicht bewußt die Unwahrheit sagen**, soweit es um Tatsachen geht. Trägt der Rechtsanwalt den Inhalt und die Aussagen von Gesetzen und Urteilen wissentlich falsch vor, stellt er eine unrichtige Tatsachenbehauptung i.S.d. § 43 a Abs. 3 BRAO auf.
(Kommentierung zur BRAO, Feuerich/Weyland, 6. Auflage, § 43 a BRAO Rn 38 u. 39)

Auch die **Einlegung aussichtsloser Rechtsmittel** kann eine zum **Schadensersatz** verpflichtende Schlechterfüllung des Mandantenvertrages sein, **wenn dem Mandanten Erfolgsaussichten vorgespiegelt werden.**

(Kommentierung zur BRAO, Feuerich/Weyland, 6. Auflage, § 43 a BRAO Rn 41)

Ein **Rechtsanwalt** ist **verpflichtet**, vor einer **Beratung** seines Mandanten den **Sachverhalt**, den er beurteilen soll, **genau zu klären**. Ein Rechtsanwalt, der einen Anspruch klageweise geltend machen soll, hat die zu Gunsten seiner Partei sprechenden tatsächlichen und rechtlichen Gesichtspunkte so umfassend wie möglich darzustellen, damit sie das Gericht bei seiner Entscheidung berücksichtigen kann.

Er hat dem Mandanten **diejenigen Schritte anzuraten**, die zu dem **erstrebten Ziele zu führen geeignet sind**, und **Nachteile** für den Auftraggeber **zu verhindern**, soweit solche voraussehbar und vermeidbar sind. Dazu hat er dem Auftraggeber den **sichersten** und **gefahrlosesten Weg vorzuschlagen** und ihn über mögliche Risiken aufzuklären, damit der Mandant zu einer sachgerechten Entscheidung in der Lage ist (BGH NJW 1994, 1472; 1993, 1325; 1993, 1779; ......)

(Kommentierung zur BRAO, Feuerich/Weyland, 6. Auflage, § 44 BRAO Rn 17 u. 17 a)

---

§ 43 a BRAO   Grundpflichten des Rechtsanwalts

(1) Der Rechtsanwalt darf keine Bindungen eingehen, die seine berufliche Unabhängigkeit gefährden.

(2) Der Rechtsanwalt ist zur Verschwiegenheit verpflichtet. Diese Pflicht bezieht sich auf alles, was ihm in Ausübung seines Berufes bekanntgeworden ist. Dies gilt nicht für Tatsachen, die offenkundig sind oder ihrer Bedeutung nach keiner Geheimhaltung bedürfen.

(3) Der Rechtsanwalt darf sich bei seiner Berufsausübung nicht unsachlich verhalten. Unsachlich ist insbesondere ein Verhalten, bei dem es sich um die **bewußte Verbreitung von Unwahrheiten** oder solche herabsetzenden Äußerungen handelt, zu denen andere Beteiligte oder der Verfahrensverlauf keinen Anlaß gegeben haben.

(4) Der Rechtsanwalt darf keine widerstreitenden Interessen vertreten.

(5) Der Rechtsanwalt ist bei der Behandlung der ihm anvertrauten Vermögenswerte zu der erforderlichen Sorgfalt verpflichtet. Fremde Gelder sind unverzüglich an den Empfangsberechtigten weiterzuleiten oder auf ein Anderkonto einzuzahlen.

(6) Der Rechtsanwalt ist verpflichtet, sich fortzubilden.

Anwalt muss Rechtsprechung kennen

Bundesgerichtshof hält Rechtsanwälte zu sachgerechter Beratung und Information der Mandanten an

HANDELSBLATT, 18.6.2003

din KARLSRUHE. Der Bundesgerichtshof (BGH) hat Anwälte erneut zu sachgerechter Beratung der Mandanten angehalten. Ein Anwalt muss sich danach mit der höchstrichterlichen Rechtsprechung auskennen und Mandanten anschließend umfassend informieren.

Im Ursprungsfall wollte eine Baufirma in Form einer GmbH 1995 noch ausstehende Forderungen einklagen. Das Problem: Als Zeugen für den behaupteten Anspruch stand lediglich der Geschäftsführer der GmbH zur Verfügung. Der aber kann in einem Prozess der GmbH nicht zugleich als ihr Zeuge auftreten. Der Anwalt riet der Firma daher, die Ansprüche an die Ehefrau des Geschäftsführers abzutreten, diese klagen zu lassen und ihren Ehe-

Lesen bildet: Das Studieren neuer Urteile ist eine Anwaltspflicht.

mann als Zeugen aufzurufen. Das Gericht könnte die Abtretung zwar im Hinblick auf das in den AGBs des Bauvertrages vereinbarte Abtretungsverbot als unwirksam ansehen, sagte er seinen Mandanten. Sicher sei das jedoch nicht, da es ein eindeutiges BGH-Urteil zum formularmäßigen Abtretungsausschluss nicht gebe. Als die Mandanten dementsprechend vorgingen, wurde die Klage abgewiesen. Gemäß dem Rat ihres neuen Anwalts berief die GmbH den Geschäftsführer ab und bestellte die Ehefrau an seiner Stelle ein. Er trat daraufhin im neuen Prozess, der mit einem Vergleich endete, als Zeuge auf.

Die Ehefrau verklagte den ersten Anwalt auf Schadensersatz und bekam in letzter Instanz recht. Die Beratung entsprach nicht dem Stand der höchstrichterlichen Rechtsprechung und sei daher fehlerhaft gewesen, so die Richter. Sie nutzten den Fall dazu, sich noch einmal ausführlich mit den Beratungspflichten eines Anwalts zu befassen. Aus verschiedenen BGH-Urteilen sei schon 1995 eindeutig hervor gegangen, dass das Gericht den formularmäßige Abtretungsausschluss als wirksam erachtete, hieß es. Bei sachgerechter Auswertung der Urteile hätte der Anwalt seine Mandanten deutlich darauf hinweisen müssen, dass mit einer Abtretung kaum Chancen für den Prozess bestünden. Außerdem müsse ein Anwalt die Mandanten über alle möglichen Vorgehensweisen informieren.

Aktenzeichen
BGH: IX ZR 54/02

(Quelle: Handelsblatt, 18.06.2003)

81

Anhang

Literaturverzeichnis

- Aachener Zeitung
- (AO) Abgabenordnung-Kommentar, Franz Klein, 7. Auflage, C.H. Beck Verlag
- Arbeitsgesetze, 42. Auflage, Beck-Texte im dtv
- Beamtenrecht, 17. Auflage, Beck-Texte im dtv
- (BGB) Bürgerliches Gesetzbuch-Kommentar, Palandt, 60. Auflage, C.H. Beck Verlag
- Bild Zeitung
- (BRAO) Bundesrechtsanwaltsordnung-Kommentar, Feuerich/Weyland, 6. Auflage, Franz Vahlen Verlag
- Der DaimlerChrysler Deal, Holger Appel, Christoph Hein, DVA 1998,
- (EStG) Einkommensteuergesetz-Kommentar, Ludwig Schmidt, 20. Auflage, C.H. Beck Verlag
- (GG) Grundgesetz-Kommentar, Michael Sachs, 3. Auflage, C.H. Beck Verlag
- Handelsblatt
- Rechtswörterbuch, Carl Creifelds, 15. Auflage, C.H. Beck Verlag
- „Revier und Werk", Rheinbraun Zeitschrift
- (SGB III) Sozialgesetzbuch III -Arbeitsförderung-, 7. Auflage, Beck-Texte im dtv
- Sozialgesetzbuch, 29. Auflage, Beck-Texte im dtv
- „Steuern von A bis Z", Ausgabe 2001, Bundesministerium der Finanzen
- (StGB) Strafgesetzbuch u. Nebengesetze-Kommentar, Tröndle/Fischer, 51. Auflage, C.H. Beck Verlag
- (StPO) Strafprozessordnung-Kommentar, Meyer-Goßner, 46. Auflage, C.H. Beck-Verlag
- Zeitschrift „Finanztest"
- Zeitschrift „Focus"
- Zeitschrift „Focus Money"
- Zeitschrift „Justament"
- (ZPO) Zivilprozessordnung-Kommentar, Baumbach/Lauterbach/Albers/Hartmann, 61. Auflage, C.H. Beck Verlag
- (ZPO) Zivilprozessordnung-Kommentar, Thomas/Putzo, 23. Auflage, C.H. Beck Verlag

Hans-Peter Kranz

Rechtsbeugung?
Aachener Rechtsprechung zu
Schufa- und Bankgebühren!

§ 675 BGB   Entgeltliche Geschäftsbesorgung

§ 259 BGB   Umfang der Rechenschaftspflicht

§ 543 ZPO   Grundsätzliche Bedeutung

§

Überprüfen Sie alles und sparen Sie Geld

Ohne (und mit) Rechtsanwalt

Hier erfahren sie, wie die Justiz in Aachen eine BGH-Entscheidung zu Bankgebühren verhindert hat.

Angeblich liegt keine grundsätzliche Bedeutung vor.

§ 511 Abs. 4 Nr. 1 und § 543 Abs. 2 Nr. 1 ZPO   =   grundsätzliche Bedeutung!

Unter **grundsätzlicher Bedeutung** ist zu verstehen,
dass sich die Auswirkungen der Entscheidung in quantitativer Hinsicht nicht in einer Regelung der Beziehungen der Parteien, auch über das Streitobjekt hinaus, oder in einer von vorneherein überschaubaren Anzahl gleichgelagerter Angelegenheiten erschöpfen dürfen, sondern eine **unbestimmte Vielzahl von Fällen betreffen müssen.**
(ZPO-Kommentar, Thomas/Putzo, § 546 Rn 19, Baumbach/Lauterbach/Albers/Hartmann, § 543 Rn 4)

Dieses Buch erscheint demnächst.

Weitere Infos unter

www.kranzinfo.npage.de